CAMILA NOBILE

DIWALI CÓSMICA

TODO LO QUE EL CIELO DICE DE TI

Aprende a leer los astros, descubre
toda tu magia y explora tu destino

Montena

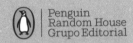

Primera edición: enero de 2024

© 2024, Camila Nobile (Diwali Cósmica)
© 2024, Penguin Random House Grupo Editorial, S. A. U.
Travessera de Gràcia, 47-49. 08021 Barcelona
© 2024, MMMM Studio, por el diseño de interiores
Recursos de interiores: iStock

Printed in Spain – Impreso en España

ISBN: 978-84-19241-73-3
Depósito legal: B-17.850-2023

Compuesto en Compaginem Llibres, S. L.
Impreso en Gómez Aparicio, S. L
Casarrubuelos (Madrid)

GT 4 1 7 3 3

A mis amigas, que con tanta dedicación
y paciencia me enseñaron a quererme.
Con el anhelo de que este libro expanda
su enseñanza y logre inspirar a otros
a adentrarse en ese sendero de cariño tan especial
y oportuno que es el amor propio.

A mis editores, Alba y Marco, por confiar en mis
ideas y acompañarme con tanta dicha durante
este proceso.

A ti, por tomarte el tiempo de leer estas páginas
y hacer esto posible. Gracias.

ÍNDICE

A TI, LECTOR

Antes que nada, quiero darte las gracias. Nada de esto sería posible sin ti, que estás al otro lado, separando un recorte de tu tiempo, unas horas de tu día, para recorrer juntos estas páginas. Este libro está diseñado para ser algo más que una guía teórica. Busca ser un compañero de viaje, un manual que te lleve a recorrer el zodiaco de forma práctica y que te permita conocer tu carta profundamente. Si bien posee un índice que marca el hilo de su estructura y contenido, está pensado para que puedas leerlo como desees, ya sea comenzando por el título que más cautive tu atención o siguiendo el paso dibujado por la sucesión de los capítulos.

Cada sección va a brindarte el conocimiento necesario para comenzar a interpretar todos los elementos que conforman tu gráfico natal. Mi consejo es que tengas paciencia en el proceso, especialmente cuando sientas que algunos conceptos no acaban de asentarse o aclararse. El aprendizaje real tiene sus ciclos; comprender que hay que respetarlos es una de las lecciones. Pronto, el paso de los días y el avance en la lectura harán su magia y todo va a ir, poco a poco, encontrando su lugar.

Diseña tu propia aventura. Haz de este libro el lienzo de tu historia.

Cada carta astral es única y quiero que este libro también lo sea. Escribe en él, coloréalo, márcalo. Completa los ejercicios. Responde las preguntas. Dobla las páginas, subraya las frases que quieras recordar. Anota tus preguntas. Cuando pintamos el camino con nuestros colores, la senda del aprendizaje se vuelve muchísimo más interesante. Logrando que el conocimiento se nos tatúe sin esfuerzo. Lo importante es que te diviertas y que puedas descubrir todo lo que traen las estrellas para ofrecerte.

7

Espero que nunca tengas miedo de vivir tu verdad, de sentir y habitar cada rincón de tu ser. Espero que este recorrido te lleve de nuevo a ese hogar interno donde las luces nunca se apagan. Cuando te tienes, siempre estás en casa.

Feliz lectura.
Con amor,

DIWALI

PRÓLOGO

Recuerdo perfectamente la primera vez que pensé que, quizá, en algún momento de mi vida, podría dedicarme de lleno a este oficio tan mágico, misterioso y apasionante que supone la astrología. Era una mañana de uno de esos sábados tranquilos de otoño que cubren la ciudad de hojas y nos regalan el equilibrio entre la nostalgia del invierno y la calidez del verano. Tendría, como mucho, catorce años, y había logrado convencer a mis padres para que me dejaran que la astróloga de toda la vida de mi madre y mi hermana me hiciera la primera lectura de mi carta astral. Todo lo que va más allá del mundo material cautiva mi atención desde que tengo uso de razón, pero mi madre siempre fue militante de que uno debe alcanzar cierto grado de madurez antes de exponerse a determinada información. A veces me pregunto si algo dentro de ella le advertía que, desde ese día, la astrología marcaría mi camino como nunca nada lo había hecho.

Cuando llegué al departamento de Martha —la llamaré así para cuidar su privacidad— y ella comenzó a hablar, sentí que entraba en una rueda del tiempo. El espacio se volvió pequeño. Todo se centraba únicamente en ese instante. ¿Alguna vez has experimentado algo así? ¿A que se siente como si esa estructura conocida que nos brinda el reloj dejara de existir?

Para mí, que todavía era pequeña y no comprendía el profundo poder que posee esta herramienta, lo que estaba sucediendo era apabullante. Desbordaba por completo los límites de mi comprensión racional y sobrepasaba mi capacidad de análisis. Esa mezcla de miedo y entusiasmo terminó confluyendo en una bajada de presión y un leve mareo que Martha logró reconocer a tiempo. Frenamos por unos momentos la sesión para que pudiera recuperarme mientras ella —como siempre, muy caracterizada por la amabilidad de su Sol virginiano— me traía un vaso de agua y me indicaba ciertos ejercicios de respiración. Pronto volví a mi cuerpo y pudimos continuar con la consulta. Me pasé el resto del tiempo tomando nota, completamente anonadada por lo que estaba escuchando, aun cuando varios conceptos, por la falta de experiencia, se me escapaban como arena entre los dedos.

Disfruté mucho del encuentro. Me divertí, pero traté de tomarlo sin demasiada seriedad. Por alguna razón, no quería darle muchas vueltas más al asunto. Sin embargo, cuando bajábamos en el ascensor para despedirnos, entre mis movidos cuestionamientos internos se cruzó una suposición inesperada: «Mira, que si me termino dedicando a la astrología…». Pero, de nuevo sin ansias de indagar más, dejé pasar el pensamiento.

Volví a mi rutina cotidiana como si nada. Al cabo de unos meses se evaporó la emoción inicial y, como siempre, me distrajeron las responsabilidades frecuentes. Si bien no me había olvidado de la experiencia, la guardé en algún recóndito e insignificante recoveco de la memoria. Se ve que no era mi momento y, como sucede cada vez que nos llega información que no estamos abiertos ni preparados para recibir, la dejé pasar.

La palabra «astrología» no volvió a golpear las puertas de mi curiosidad por un largo periodo. Hasta que, unos años después, el camino me sorprendió con una serie de eventos desafortunados que me dejaron completamente confundida, desorientada y luchando una guerra constante con mi mente, cuerpo y espíritu. Mis respuestas se habían convertido en preguntas y mis preguntas se habían tornado en dudas. Sentía una necesidad imperiosa de encontrar respuestas en algo más allá del plano físico. Algo que fuera mucho más grande y significativo que nuestra dimensión material, donde las cosas habían perdido un poco de color. Así fue como comencé el viaje que ya muchos otros antes habían transitado, el de ir hacia dentro para forjar un sentido y construir un exterior con el que sí estuviera en sintonía. Encontrar refugio en lo espiritual para sanar se convirtió en mi norte. Necesitaba recuperar una conexión con el todo.

Pasé horas y horas estudiando el mundo energético, ese universo que no solo nos rodea, sino que creamos y habitamos diariamente y, aun así, solemos relegarlo al olvido. Me alejé un tiempo de aquello que conocía y me dediqué de lleno a estudiar todo libro esotérico que tuviera al alcance. Leía. Escuchaba. Escribía. Fue un momento de pausa, un espacio de silencio en el tiempo. Una temporada de retiro y de calma que tuve que tomarme para lograr, por fin, conocerme, observarme, desaprender y sanar. Veía pasar las estaciones como quien observa el paisaje desde la ventana de un tren: advirtiendo su belleza, pero ignorando su olor o su temperatura. Me la pasaba yendo de la biblioteca a mi casa y de mi casa a la tienda de libros.

Una tardecita de agosto, hurgando entre los estantes de segunda mano en la librería del barrio, me crucé con uno de los escritos de Carl Jung. Fue amor a primera vista. Quedé fascinada por la honestidad de su historia, la infinidad de su sabiduría y lo holístico de su perspectiva. Comencé a investigar más a fondo su vida, sus intereses y su recorrido. Jung sostenía que, para vivir una vida plena y llegar a ser realmente nosotros mismos, había que adentrarse de lleno en nuestro mundo interior, explorar el inconsciente y trabajar las propias sombras. Definió este recorrido como el proceso de «individuación», en el que llegamos a conocer nuestra verdadera esencia. Fue en este camino de autodescubrimiento donde Jung vivió y desarrolló los pilares más brillantes de su carrera, como la teoría sobre el inconsciente colectivo, los arquetipos y el desarrollo sobre las sincronicidades. Para él, la forma correcta de habitar el mundo empezaba por conocer el que habita dentro de nosotros.

Seguir tal hilo de escritos e intereses me volvió a cruzar con la astrología. Y, esta vez, el encuentro desembocó en el despertar de una interminable pasión que, aún hoy, siento por el estudio de los astros. Desde entonces, este gran amor me ha acompañado año tras año tanto en la vida personal como en la laboral, y ha ido moldeando el recorrido de mi historia. El deseo de dedicarme a trabajar en pos de la comunidad y del bienestar social siempre ha estado en el centro de mi espíritu, por eso elegí la abogacía como primer estudio universitario. Sin embargo, al terminar el bachillerato de Derecho me di cuenta de que mi propósito no se encontraba entre las leyes, sino en explorar y trabajar con los puntos más profundos del ser humano. Por eso, luego elegí estudiar Psicología, carrera en la que hoy continúo especializándome mediante un máster de Trabajo Social Clínico. La interdisciplina de estos conocimientos me permite observar —desde distintas perspectivas y marcos teóricos— lo que ha sido el centro de mi práctica, y es una gran ayuda a la hora de plasmar de forma tangente lo que sucede en el cielo. Antes renegaba de la diversidad de mis estudios e intereses. Hoy comprendo que cada paso es necesario y que en el tablero universal todo es perfecto.

Sé que puede sonar un poco exagerado, pero en el transcurso de todo ese tiempo pude comprobar que la astrología es mucho más que una disciplina y un proceso de aprendizaje. Es una forma de leer los episodios del tiempo, de interpretar los sucesos del camino. Te concede la posibilidad de percibir las sutiles delicadezas que nos constituyen y nos rodean, así como la belleza propia de cada ser, panorama y encuentro. Te regala la oportunidad de observar tu energía en su estado más puro, más auténtico. Logra hacerte consciente de la divinidad que te acompaña desde el momento en el que decidiste pisar este mundo, y de que seguirá escoltándote hasta el último de tus días. Para mí, la astrología, en todas sus variantes y formas, es un recordatorio de esa luz infinita que existe en cada expresión de la vida.

Lo inesperadamente maravilloso de aprender a interpretar este lenguaje es que uno piensa que el proceso de aprendizaje es mental. Sin embargo, su maestría comienza únicamente cuando salimos de nuestra cabeza analítica y prejuiciosa, dejándonos atravesar completamente por su sabiduría. Quien aprende astrología transforma su percepción de todo lo que le rodea. Y al usar un lente distinto para observar la vida, uno también se ve a sí mismo cambiando de narrativa personal, de espacio físico y de comprensión total.

Enamorarse una y mil veces de esta realidad es el desenlace ineludible cuando se ha conocido la maravillosa riqueza que existe más allá del mundo observable. En mi recorrido, la astrología fue la llave que me permitió explorar en profundidad la historia de amor con la existencia. Desde lo más profundo del corazón, espero que estas páginas sean la chispa que encienda tu curiosidad en este mundo y también el recordatorio de que puedes confiar en el potencial infinito de conocimiento que existe dentro de ti. Apaga las dudas y déjate guiar por la sabiduría de tu magia innata.

La vida es hermosa cuando habitas desde tu centro. Te deseo un hermoso viaje de retorno a ti mismo.

LOS SECRETOS DEL COSMOS

¿CÓMO REENCONTRARNOS CON EL UNIVERSO QUE HABITA EN NUESTRO INTERIOR?

Aprender astrología es como iniciar un viaje. Aunque tengas claro cuál es el destino, nunca sabrás exactamente lo que traerá el proceso ni aquello con lo que te cruzarás en el camino. Escapan de nuestra consciencia y conocimiento los detalles del tiempo y la seguridad de lo cotidiano. En nuestra valija intelectual cargamos el saber actual, las dudas que nos rodean y el marco teórico que construimos en base a todo lo vivido hasta el momento. Esa es nuestra única certeza. Todo lo demás es nuevo, desconocido e inexplorado. Un pequeño y desafiante regalo que nos exige apertura y flexibilidad.

Adentrarnos en lo desconocido, cuando lo hacemos con claridad e intención, asusta un poco. Y no me refiero a la adrenalina terrorífica que nos invade el cuerpo ante una situación de peligro, sino al curso instintivo de racionalidad extrema en la que caemos cada vez que recibimos información que se encuentra completamente fuera de nuestro sistema de creencias y que desafía por completo nuestra pirámide de aprendizajes; al vértigo que sientes cuando ves temblar las paredes de lo que te rodeaba hasta el momento y no sabes si ahí afuera quedarás completamente a la intemperie o descubrirás un maravilloso y desconocido mundo. ¿Ya sabes a qué me refiero? Aun así, te propongo que entremos más en detalle.

La mayoría de nosotros fuimos criados bajo una concepción materialista del mundo en la que se rechazaba casi por completo la idea

15

de lo intangible y lo metafísico. Piensa en lo que escuchaste en el colegio, en la televisión, de la gente de tu entorno. ¿Recuerdas muchas conversaciones sobre el mundo inmaterial y la infinidad de sus posibilidades? Nuestra educación se limitó a enfatizar la materia, prestando nula atención a la posibilidad de que exista algo más allá de lo perceptible con los cinco sentidos. Estamos demasiado acostumbrados a vivir en lo que el Kabbalah definiría como el 1 %, el mundo físico y material. Es normal que, al cruzarnos con conceptos que nos llevan a conectar con lo espiritual e intangible —el 99 % restante—, nuestra mente racional ofrezca cierta resistencia. Requiere tiempo y paciencia deshilar ideas que nos resultan tan familiares, sobre todo cuando únicamente se nos ha enseñado a construir sobre ellas. Aunque no te lo parezca, el simple paso de permitirte cuestionarte ciertas cosas y abrirte a conocer más sobre ellas ya te convierte en alguien diferente a quien eras. Enhorabuena, acabas de comenzar a escribir un nuevo camino.

¿Sabías que...?

El término «Kabbalah» o «Cabala» significa «recibir», y engloba un sistema de creencias y prácticas místicas del judaísmo que busca entender a Dios, el universo y la vida a través de interpretaciones simbólicas de la Torá y otros textos sagrados.

De ahí surge la metáfora del viaje. Adentrarse en este universo resulta emocionante, gratificante, y provocador. ¿Ya lo notas? Solo conocemos el punto de partida, y suponemos uno de llegada. Lo demás es un misterio que descubriremos y viviremos a medida que nos sumerjamos en el túnel del proceso. Se trata de experimentar el desarrollo, dejar de lado el dogma y permitirnos ampliar nuestra perspectiva. El objetivo es que disfrutes de cada paso, porque en la astrología, al igual que en la vida y el amor, somos eternos aprendices.

Aprender astrología va más allá de la información teórica que almacenamos en nuestra memoria. Requiere apertura e implica una transformación interna.

Para sintetizar el carácter de la astrología, la descripción y metáfora que más me gusta es aquella que la define como «**un lenguaje simbólico que nos permite interpretar la posición y el movimiento de los astros**». Cada planeta, signo y casa tiene un significado, y cada uno de sus tránsitos nos regala un mensaje. Cuando un astrólogo estudia un evento astrológico, lo que hace es hilar los puntos, analizar las coordenadas y trazar el mapa de la energía que rodea ese momento y lugar concretos, observando el suceso de forma holística, como parte de un todo. Tú puedes conocer tu mapa y convertirte en el intérprete de tu propio camino.

¿ESTÁ TODO CONECTADO? ¿ESTAMOS TODOS CONECTADOS?

En la astrología, de la misma manera que en el universo, todo está interrelacionado. No hay sucesos aislados. Contemplamos ciclos. Estudiamos el pasado, el presente y el futuro de forma íntegra. Buscamos patrones, investigamos la historia y vamos uniendo uno por uno los eslabones de la cadena.

¿Te sientes cercano a lo que te rodea? Todo está conectado. Todos estamos interconectados. La separación es un concepto ilusorio que no solo encontramos dentro de este lenguaje, sino también expresado directa o indirectamente en los textos sagrados de diferentes religiones y tradiciones espirituales.

¿Qué ocurre cuando nos adentramos más profundamente en el mundo de la astrología? Responder con precisión resulta difícil, ya que cada persona es única y, por tanto, atraviesa, vive y experimenta su curso de forma personal. Tu camino será único y ni siquiera para ti será siempre el mismo: irá cambiando contigo y pasará por varias etapas, por distintos momentos. Te generará dudas, te ofrecerá luz y seguramente luego te despertará nuevas preguntas. Sin embargo, un fenómeno común que he logrado observar es que, a medida que aumenta nuestro interés en el tema, también aumentan las transformaciones en nuestro entorno. Esto no sucede porque algo externo cambie primero, sino porque lo que muta es nuestra forma de contemplar y de habitarnos. Al desplazarnos de lugar emocional e intelectual, nuestro marco de registro y comprensión se expande más allá de nuestras creencias iniciales, de nuestras percepciones primarias. Lograrás verle otros matices, colores y formas. Saber nos expande. Conocernos es mágico. Estar en sintonía con nuestro mapa astral nos enseña a reconocer el poder creador que existe en nuestro interior y a desconectar el piloto automático que nos lleva a movernos por la vida a partir de un mero impulso de reacción. Todo es consciencia, y la astrología nos ayuda a recordarlo.

Antes, cuando conocía a alguien que empezaba a estudiar los astros y tenía la posibilidad de compartir su camino, observando el proceso desde fuera, intentaba detectar el momento preciso en que se producía ese clic interno, aquel punto en que la astrología dejaba de ser algo que solo había que entender y empezaba a convertirse en algo que en realidad se podía sentir. Algunos expertos denominan este evento «**el desplazamiento de la mente al corazón, a la intuición**», pero a mí me costaba distinguir qué venía primero, si su transición interna o la transmutación de su percepción. Hasta que comprendí que mi error era intentar clasificar y ordenar un trayecto que no tiene nada en común con el método de adquisición de aprendizaje habitual.

QUÉDATE CON ESTO

Constantemente estamos creando nuestra realidad y reaprendiendo sobre nuestra persona. Cada aprendizaje, vivencia y encuentro nos llega, nos atraviesa y nos toca. Sin embargo, lo que realmente se expande es aquello a lo que prestamos nuestra atención de forma consciente: allí donde nos presentamos física, mental y emocionalmente con constancia, apertura e intención.

Al estudiar el cosmos, se extiende nuestro enlace con el todo, se vuelve más cercana nuestra conexión con la naturaleza y se profundiza nuestra relación con el universo. La astrología es otra senda para recordarnos que **somos consciencia pura**. Es un instrumento divino que limpia el vidrio a través del que contemplamos el entorno y nuestro interior.

¿Qué es lo que pretende proporcionarnos la astrología? Una visión más rica, holística y amplia del mundo que nos constituye y rodea. Nos convoca a reconocer la interconexión de todo en el universo, y recordar la existencia de esa magia oculta que rodea cada instante de nuestra existencia. ¿Alguna vez has percibido que hay un sentido detrás de todo lo que sucede, un mundo invisible que sientes pero que no puedes ver? La astrología te ofrecerá la posibilidad de retirar el telón y descubrir los hilos que unen todo lo que conforma tu vida, siempre que estés dispuesto a entender con el corazón, además de comprenderlo con la mente.

Más allá de una herramienta de autoconocimiento, es un instrumento de comprensión. Nos quita prejuicios, nos propone empatía. A medida que avances en el libro y comiences a leer tu carta astral y la de quienes te rodean, vas a sentir una singular sensación de calma y unión. Es una experiencia única; algo así como si pudieras liberarte, por un rato, de las ideas preconcebidas, los dogmas y las creencias personales, y lograses ver la energía detrás de cada persona para luego tener una charla directa con su esencia.

La astrología también nos hace de nexo con el otro. Se vuelve el canal entre dos almas que, aun siendo desconocidas, conectan de corazón a corazón, logrando finalmente reconocerse. Nos vemos en el otro, el otro se ve en nosotros. Donde a simple vista solo había separación y diferencia, ahora encontramos puntos de encuentro y empatía.

Su energía puente también se expresa en la relación con nosotros mismos. **La astrología logra reunirnos nuevamente con nuestro centro, con nuestra autenticidad.** Sin duda, el encuentro más mágico que podemos experimentar en nuestra vida es el de reencontrarnos con nuestra divinidad interna, aquella que habita nuestro interior desde el primer momento y cuya luz nunca se apaga, aun cuando transcurran años y años sin que logremos verla.

Por momentos podemos sentir que nuestra esencia ha sido aplacada por la presión social, la complejidad en la cual nos posicionan ciertas situaciones o las imposiciones propias. Sin embargo, siempre sigue allí. Intacta. Cada trayecto que emprendemos en el camino del descubrimiento personal es un paso que avanzamos hacia la toma de consciencia de la conexión latente que tenemos con nuestra naturaleza interna.

Para encontrar esa magia que tanto buscas, lo único que tienes que hacer es explorar tu interior.

¿CÓMO SE RELACIONA EL ZODIACO CON LA EXPERIENCIA HUMANA?

A pesar de su reciente popularidad, la astrología no es un conocimiento nuevo. Se ha practicado y estudiado en diversas culturas alrededor del mundo durante miles de años antes de llegar hoy a ti. Desconocemos su origen exacto, aunque las aproximaciones sostienen que las bases de la sabiduría del cosmos nacieron dentro de las diversas comunidades que integraban la Mesopotamia.

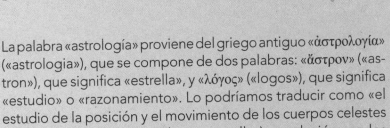

¿Sabías que...?

La palabra «astrología» proviene del griego antiguo «ἀστρολογία» («astrologia»), que se compone de dos palabras: «ἄστρον» («astron»), que significa «estrella», y «λόγος» («logos»), que significa «estudio» o «razonamiento». Lo podríamos traducir como «el estudio de la posición y el movimiento de los cuerpos celestes (planetas, asteroides, satélites y estrellas) en relación con los eventos y las tendencias en la Tierra». Sus tres elementos principales son los signos, las casas y los planetas.

Con el paso de los siglos, se fueron desarrollando diferentes ramas, sistemas y formas de abordarla (astrología védica, astrología china, etc.). Cada una tiene un enfoque diferente y difieren en algunos detalles, porque cada cultura la hizo propia y la adaptó a su realidad. Sin embargo, más allá de que puedan variar algunos aspectos, al final del día la esencia es la misma. Algo relevante a recordar es que la base estructural de la astrología occidental, bajo la cual se guía este libro, es el **zodiaco**, que está compuesto de doce signos y doce casas. Cada signo representa una energía; cada casa, un área de nuestra vida.

Cuando observamos el mandala zodiacal en reposo, vemos que comienza en la Casa I con el signo de **Aries** —la potencia de inicio— y que culmina en la Casa XII con el signo de **Piscis** —el nexo universal, donde todo se conecta—. Es importante conocer el orden de los signos, porque a medida que profundicemos en ellos, podremos detectar que el zodiaco cuenta una historia.

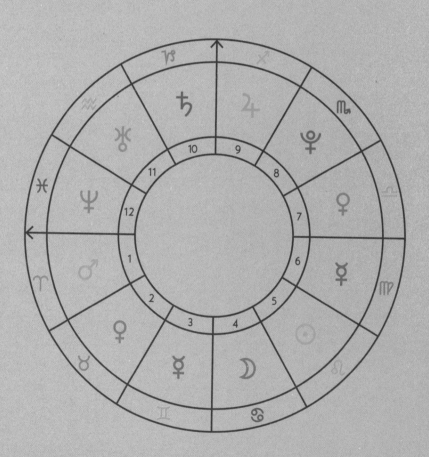

¿Y qué historia cuenta? Nada más y nada menos que la de nuestra propia existencia y experiencia humana. En ella, a medida que pasan los años se refina nuestra energía, experiencia y evolución. El recorrido que iremos haciendo por el zodiaco atraviesa, en mayor o menor medida, nuestro cuerpo y alma a lo largo de esta experiencia humana.

Aquí hablaremos del zodiaco desde la perspectiva de la astrología evolutiva, que pertenece al sistema astrológico occidental. Esta rama de la astrología se enfoca en el crecimiento personal y espiritual a través de las herramientas del análisis astrológico. Con ella podremos observar el curso de metamorfosis que atraviesa nuestro estado de conciencia a lo largo del camino.

Como indicamos anteriormente, el zodiaco se inicia con **Aries**, la energía en su estado más puro. Recuerda que aquí hablamos de una estructura energética, no de las personas que tengan este signo solar o como ascendente. Aries representa la llegada al mundo, el nacimiento, con toda la potencia y la fuerza necesarias para que eso sea posible. También es la primera conexión que tenemos con la vida, cuando todavía nos regimos por los instintos más primarios y satisfacerlos es el eje principal. Lo sigue **Tauro**, momento en el que comenzamos a estar en sintonía con nuestro cuerpo y, poco a poco, aprendemos a movernos. También nos encontramos en ese signo cuando establecemos los primeros acercamientos con el mundo material y de los sentidos. Lentamente vamos reconociendo el placer que nos puede proporcionar aquello exterior, por ejemplo, la comida.

La siguiente etapa es la **Geminiana,** en la que empezamos a pronunciar las primeras palabras, a interactuar verbalmente. El habla se establece como el puente que nos permite llegar al otro y profundizar en la relación con los demás desde un enfoque más intelectual. El otro ya no es solo una fuente que me provee de protección y satisface mis necesidades básicas; hay un intercambio que va más allá. Solo al conectar nos podemos realmente comunicar.

Después nos topamos con el signo de **Cáncer**, cuando el alma tiene la madurez suficiente para reconocer las emociones y comprender que somos parte de un grupo, de una familia.

Seguimos con **Leo**, la etapa en la que aprendemos a ver la propia luz, aquello que nos hace únicos y nos permite brillar. Descubrimos esa chispa que hace latir nuestro corazón, la cual, una vez llegados al signo de **Virgo**, utilizaremos para poner al servicio del otro.

Cuando el alma llega al proceso de evolución regido por el signo de **Libra**, comienza el reconocimiento del «nosotros». Formamos vínculos importantes y reconocemos lo esencial que es el otro en nuestra vida, el papel fundamental que cumplen nuestros vínculos y lo necesarios que son para aprender y equilibrar nuestra energía.

Al llegar a **Escorpio**, el alma comprende la gran fortaleza que posee, y el valor que yace en nuestra vulnerabilidad. Se pone en contacto con su poder de creación y de regeneración, y reconoce su capacidad de transformación y sanación. Cuando alcanza **Sagitario**, lo que busca es expandir su consciencia, explorar todo lo que se encuentra más allá de su conocimiento mundano y destrabar el propósito de la vida.

En base a las respuestas obtenidas a sus preguntas, marca el camino para comenzar a construir. Cuando toca **Capricornio**, esa teoría se pone en práctica: el alma materializa sus proyectos, sus intenciones.

Llegados a **Acuario**, la energía se enfoca en la aportación al colectivo, en fundar algo que proporcione valor a la comunidad; en crear algo que vaya mucho más allá de uno mismo. Y entonces se llega al último eslabón del proceso, en el cual el ser se funde en la energía del signo de **Piscis**. Se olvida del mundo físico y enlaza una conexión con el todo, donde no existe separación ni tiempo ni espacio. ¿Qué pasa aquí? El alma vuelve a su origen.

QUÉDATE CON ESTO

Lo que acabas de leer nos habla de un recorrido ideal, pero puede que este trayecto no sea lineal. No es un recorrido delimitado o estático y, si lo observas en detalle, podrás distinguir que todos, de una u otra forma, constantemente lo estamos transitando.

LA SABIDURÍA DE LOS SIGNOS

¿Te ha pasado alguna vez que estuvieras leyendo o escuchando las características de un signo y que, inevitablemente, te viniera a la mente un conocido que hubiera nacido bajo ese signo solar? Si la experiencia que tuviste en ese encuentro fue positiva, seguramente hayas construido un concepto maravilloso de ese signo. Sin embargo, si sucedió lo contrario, tendemos a generalizar y pensar que toda persona nacida bajo ese mismo sol posee las mismas cualidades y actitudes molestas que nos causaron dolor. Tal vez, al leerlo, te resulte un razonamiento genérico e incluso un poco infantil. Sin embargo, te sorprendería la cantidad de sesgos ocultos en nuestra percepción con los que convivimos a diario. No importa que estén influenciados por factores completamente subjetivos e irrelevantes, porque su efecto es igual de poderoso. Tanto que estos sesgos llegan a tener un profundo impacto en nuestra interpretación de la realidad.

¿Qué tiene que ver esto con nuestra inmersión en el mundo astrológico? Absolutamente todo. Muchos de nuestros sesgos son inconscientes, casi imperceptibles, diríamos. Están presentes en cada una de nuestras decisiones, opiniones y acciones, pero no nos damos cuenta. Reconocerlos y trabajarlos es importante para obtener conclusiones más claras y precisas.

Identificar nuestros sesgos y estar dispuestos a reconocerlos y trabajarlos es especialmente relevante a la hora de seguir estudiando el zodiaco.

Como todo conocimiento que está teniendo un momento de plenitud, ahora mismo podemos encontrar muchísima información sobre astrología, o sobre cualquier tema que esté directa o indirectamente relacionado con ella. Por un lado, resulta algo maravilloso, porque pone al alcance de más personas este conocimiento trascendental que, utilizado correctamente, tiene el poder de enaltecer cada aspecto de nuestra vida. No obstante, este caudal infinito es también una herramienta de doble filo, ya que dentro de ese cúmulo de datos, nos solemos topar con mucha desinformación. Cuando se trata de cosas que leemos o escuchamos, somos mucho más permeables de lo que creemos. Todo aquello que captamos queda rondando en nuestra mente y se acumula en nuestro subconsciente.

Me ha pasado más de una vez que clientes o conocidos me llamaran asustados por ciertos tránsitos o llenos de dudas porque comenzaban a salir con alguien que les encantaba pero escucharon por ahí que todos los de ese signo son infieles. ¿Te resulta un cuento conocido?

Otro ejemplo muy común es el revuelo que causa el famoso **Mercurio retrógrado.** Estoy segura de que, si estás leyendo este libro, ya lo debes de haber oído nombrar y sabrás la locura y el miedo que se genera cada vez que se acerca este tránsito. En cierto modo, entiendo la confusión y el movimiento, pero realmente no es tan grave como lo ha hecho parecer su fama. Para quitarle peso, piensa en todos los Mercurio retrógrado que debes de haber atravesado sin siquiera ser consciente de su existencia. ¿Ves ahora cómo los sesgos pueden influir en lo que pensamos de algo antes de tener la oportunidad de vivirlo?

Recuerda siempre que la astrología no te puede limitar ni llevarte a pausar un proceso de tu vida. Tampoco está ahí para producir miedo ni para llenarte de etiquetas limitantes o excusas vacías. Eso haría que se perdiera su propósito. La astrología es solo una herramienta, cuyo único fin es expandirnos. Lo que busca es abrir las puertas de nuestra mente, potencial y energía. Si ese conocimiento nos crea preocupaciones y nos llena de predicciones alarmantes que nos cortan las alas o nos encierran entre cuatro paredes, algo estamos haciendo mal. Nos alejamos a años luz de nuestro camino y de su capacidad de guiarnos, en lugar de emplearla para avanzar y transformarnos.

QUÉDATE CON ESTO

La astrología que realmente vale es aquella que te devuelve las alas y te permite respirar profundamente en paz. La misma que ayuda a que reconozcas tus virtudes y pulas tu talón de Aquiles. Este conocimiento es libertad; el miedo es contracción. Son estructuralmente antagónicos, jamás podrán ir de la mano.

Práctica astral

APRENDE A MIRARTE
CON EL CORAZÓN ABIERTO

Antes de terminar el primer capítulo, hagamos un pequeño ejercicio. Coge lápiz y papel, tráete algo rico para beber y busca un lugar que te resulte cómodo. Es importante que no haya distracciones y que dispongas de todo el tiempo que sea necesario.

¿Estás listo? Te voy a pedir que escribas en la primera columna todos aquellos adjetivos o cualidades que utilices para describir tu personalidad y con los que no te sientas a gusto. Aquello que da vueltas en tu mente como una espiral constante para culparte incesablemente cada vez que algo no sale como esperabas.

Respira profundamente, date tu espacio, piénsalo con calma.

28

_____   _____

_____   _____

_____   _____

_____   _____

Cuando termines, relee la lista e intenta darle una vuelta de tuerca. Transforma esas palabras. Contémplalas con más cariño, esta vez a través de una perspectiva más integral y, al lado de cada una, trata de escribir su vertiente positiva. Sé que no es fácil, ya que nos criticamos con tanta facilidad que por momentos parece casi un deporte que practicamos por ocio. Si te resulta más sencillo, puedes intentar hacerlo como si fuera una tercera persona, como si estuvieras enseñándole a alguien más a ver la belleza que hay detrás de lo que considera un defecto.

Digamos que has escrito: «Soy muy terco e inflexible, lo cual me molesta muchísimo». Intentemos darle la vuelta a ese concepto. ¿Alguna vez te ha traído algo positivo ser así?, ¿acaso no te ayuda a ser determinado con tus metas y claro con tus objetivos? ¿Sabías que tal vez aquello que etiquetas como «terquedad» es lo que te permite levantarte tras una gran caída? Lo que tú condenas como terquedad e inflexibilidad, con un pequeño ajuste de enfoque y otro poco de amor, se convierte en resiliencia y determinación.

Todo es cuestión de enfoque y de narrativa. La forma en la que nos hablamos a nosotros mismos es la que inconscientemente guía nuestro camino. Limpiar la lente con la que nos observamos y quitar el filtro de prejuicios con el que nos definimos nos abre un mundo de positividades.

Este breve repaso no trata de negar los rincones de tu ser, sino de que tomes conciencia de cómo te ves. ¿Y por qué es tan importante? Al observar tu carta astral, te necesito tan liberado del juez interno como puedas. Hasta que no aprendemos a negarle el puesto de escritor principal de nuestro diálogo interno, no importa cuánta belleza haya en nuestro corazón, energía o gráfico astral. No lo podremos ver.

La astrología nos permite quitarnos de encima el ego y llevar a consciencia toda la luz que realmente somos, pero para eso hay que juzgarnos menos y abrirnos de corazón. Abrirse es un requisito indispensable para recibir, para estar y para encontrarse.

LOS DOCE ARQUETIPOS

¿CÓMO SE REPARTE LA ENERGÍA EN EL ZODIACO?

Cada signo del zodiaco representa un arquetipo, es decir, una estructura simbólica. En esta sección, no profundizaremos en cómo se manifiesta en una persona el hecho de tener el Sol o la Luna en un determinado signo, sino que, a modo introductorio, haremos un recorrido general del modelo energético que representan, uno por uno, los signos que configuran el zodiaco. Cada signo posee sus características particulares y un planeta que lo rige. A veces, podemos encontrar que algunos planetas tienen dos regentes; esto se refiere a que posee su regente clásico y su regente moderno, los cuales comenzaron cuando se empezaron a tomar en consideración los planetas transpersonales.

31

Más adelante nos adentraremos también en la manera en que se los distribuye según su modalidad y elemento, pero por ahora vamos a presentarlos:

ARIES

Como bien sabemos, es el primer signo del mandala, el que inicia el zodiaco. Por eso damos la bienvenida al año nuevo astrológico cuando el Sol comienza su tránsito en este signo. Aries es un signo de fuego, cuya modalidad es cardinal.

¿Alguna vez has preparado una fogata? Imagínate su energía exactamente igual que las llamas en pleno esplendor. Mientras está encendida es potente, está al máximo. Sin embargo, si no la cuidamos correctamente, se desvanece con la misma rapidez que prendió y solo quedan las cenizas.

Aries contiene en su estructura toda la fuerza necesaria a la hora de iniciar un nuevo ciclo. Hay muchísima vitalidad en este signo. Va con todo y a por todo, aunque, si no encuentra motivación en el camino, pronto se aburrirá. Abandonará esa lucha e irá rápidamente en busca de otra batalla que encienda nuevamente su llama. Va directo, y el riesgo no es un problema, ya que la valentía acompaña desde siempre a este signo.

¿Cómo lo representamos?

ARIES

El carnero representa su energía, su fuerza y su gran determinación a la hora de enfrentar lo que se encuentre en su camino.

Su planeta regente es Marte, que nos habla de pasar a la acción, de nuestra voluntad de hacer. Algunas palabras que podríamos utilizar para redondear el carácter de la estructura ariana son: impulso, coraje, lucha, independencia, honestidad, entusiasmo y asertividad.

TAURO

El signo que representa la calma, la conexión con la naturaleza y el estímulo de los cinco sentidos. Toda forma de goce y placer sensorial está conectada con esta energía. La energía de Tauro refleja el deseo ineludible de disfrutar cada uno de los magníficos deleites que nos ofrece esta encarnación física.

Tauro es un signo de tierra y por ello se encuentra en sagrada sintonía con la Tierra y sus cambios. Su modalidad es fija y el planeta que lo rige es Venus.

TAURO

¿Cómo lo representamos?

Tauro está representado por el símbolo del toro, porque, a pesar de tener un aura tranquila, posee muchísima fuerza. Su energía no se desperdicia, se utiliza sabiamente cuando es necesario. También marca su terquedad, que puede llegar a expresarse como aversión al cambio y apego a lo conocido.

Este signo también se asocia con el valor en todas sus formas, desde el que nos damos nosotros mismos hasta el costo material de los objetos. Las palabras que caracterizan su forma son: lealtad, constancia, sensualidad, paciencia, determinación, apego, seguridad y delicadeza.

GÉMINIS

El signo encargado de conectar diferentes mundos y perspectivas a través de la comunicación en todas sus formas y colores. Géminis es un signo de aire, de modalidad mutable y regido por el mensajero de los dioses, Mercurio. Su energía es cambiante, rápida; la mente va más rápido que las palabras, que su entorno y la vida misma. Géminis es curiosidad, elocuencia y una constante necesidad de estimulación mental. Lo que mueve a este signo es el mundo de las ideas. Es versátil, flexible y adaptable.

¿Singularidad? ¿Humor? ¿Juego de palabras? Sí, Géminis.

Este signo es la representación más viva del estudiante eterno. No importa cuánto se conozca, se lea o se sepa; siempre hay más por debatir, leer y escuchar. Una mente brillante rodeada de un aire de inocencia que, a pesar de que transcurra el tiempo, sigue concediendo espacio a la sorpresa.

¿Cómo lo representamos?

GÉMINIS

El símbolo que lo representa son los gemelos. La dualidad. La capacidad de apreciar más de una perspectiva, de comprender que todo tiene dos lados, dos narrativas, dos puntas. El abrazo de la contradicción, por el simple hecho de aceptar que convivimos con ella constantemente.

CÁNCER

El cuarto signo de la rueda zodiacal, y el primero cuyo elemento es agua. ¿Estás preparado? Ahora sí que nos adentramos en el universo de las emociones. Cáncer es sensibilidad pura, cubierta por un gran caparazón.

El pasado. El hogar. El sentido de pertenencia. Nuestras raíces. El lugar físico y simbólico del cual salimos, del cual venimos. Ese mismo que llevamos con nosotros adonde quiera que vayamos porque moldeó parte de quienes somos y es partícipe de nuestra historia.

Su regente es la Luna, que, entre otras cosas, nos habla de la manera en que nos sentimos seguros emocionalmente y de la relación con nuestra madre. Al estar dirigido por la Luna, responde a sus ciclos, fases y eventos. Su naturaleza es cambiante, extremadamente intuitiva y sensible. ¿Te suena lo del signo lunar? No te preocupes, más adelante hablaremos sobre eso.

35

¿Cómo lo representamos?

CÁNCER

Cáncer es de modalidad cardinal y su símbolo es el cangrejo. Por más que la coraza sea dura, el interior es tierno y suave. «Sentir» es su palabra. El signo está envuelto por una energía afectuosa, cuyo objetivo principal es cuidar de su entorno más cercano.

A menudo, Cáncer siente más de lo que es capaz de soportar y percibe más de lo que puede expresar. Mucha memoria. Muchas emociones. La creatividad y el nutrir a otros le permite volcar su sentir y convertirlo en arte.

LEO

Regido por el Sol, un dato que ya nos cuenta mucho de su porte, su fuente y su luz. La energía de Leo, en su manifestación más alta, es noble, potente y generosa. El corazón es su punto de partida, de guía y de llegada.

¿Cómo lo representamos?

LEO

Su símbolo es el león, por lo que también se conoce este signo como «la realeza del zodiaco». Transmite su confianza, majestuosidad, potencia y brillo.

Leo sabe llevar su luz y encarnar su fuente. No tiene miedo a mostrarse, a ser el centro. Sabe escucharse y es fiel a sus latidos. Es la iniciativa de sus corazonadas lo que lo lleva por el camino. Honra su esencia, brilla desde la autenticidad y en el proceso lo ilumina todo a su alrededor.

VIRGO

Este signo combina maravillosamente la profundidad de sus raíces con un astuto ingenio, regalo de su regente, Mercurio. Al ser un signo de modalidad mutable, lo envuelve una gran versatilidad, balanceada por el elemento tierra, que le otorga firmeza y estructura.

Su energía es detallista, puntillosa. Orientada al detalle, y luego al detalle dentro de ese detalle. Ir a lo micro para poder comprender lo macro. ¿Analizar minuciosamente es una profesión? Si así lo fuera, la energía de Virgo sabría exactamente qué hacer para que las piezas encajaran de forma perfecta.

¿Cómo lo representamos?

VIRGO

La energía de Virgo es perfecta para resolver acertijos y ordenar complejidades, sabe cómo utilizar su energía para hacer que las piezas encajen a la perfección.

Virgo también se asocia al servicio, al ofrecimiento a los otros. Encuentra propósito en el servir: ayudar en todo momento, en todo lugar. Lo hace de forma práctica y metódica. Sin duda, en esta estructura energética, el propósito es alejarse del ego y desarrollarse a través del trabajo y el servicio.

LIBRA

Su suave y amorosa energía representa el «nosotros», el encuentro con el otro. Igual que Tauro, está regido por Venus, pero el signo de Libra no goza arquetípicamente mediante la estimulación sensorial sino a través de la conexión con el otro.

Socializar y compartir forman y sustentan las bases de su esencia, por eso la energía de Libra se acompaña de un gran aprendizaje: el de recordar que la sana interdependencia forma parte de nuestra naturaleza. Somos seres sociales, por tanto, nuestras relaciones son un factor inherente y fundamental de lo que denominamos «el disfrute de la vida».

¿Cómo lo representamos?

LIBRA

No es casualidad que su símbolo sea la balanza ni que se asocie con la justicia, ya que el signo de Libra también se caracteriza por la eterna búsqueda del equilibrio entre las partes. Crear, reconstruir y conservar la armonía están en su núcleo estructural.

ESCORPIO

Nos encontramos con la profundidad de Escorpio. La estructura energética de este signo es profunda, magnética y transformadora.

De modalidad fija, es un signo de agua en el que las emociones se intensifican y la intuición se afila. Su regente moderno es Plutón; sin embargo, muchas ramas de la astrología continúan utilizando su regente clásico, Marte.

¿Cómo lo representamos?

ESCORPIO

Se lo suele identificar con más de un símbolo, como el águila o la serpiente, aunque su representación más habitual, por supuesto, es el escorpión.

Entre otras cosas, la energía de Escorpio representa la transformación. En este caso, hablamos de la evolución inherente a la vida, aquella que, en distintas etapas del camino, nos lleva a soltar pequeñas partes de nuestra realidad e identidad con el fin de poder continuar con nuestro desarrollo evolutivo. Así como las serpientes, nosotros también cambiamos de piel.

La energía de Escorpio debe aprender a pulirse, a llevarse. Su magnetismo es mágico, pero, como sucede con todas las fuentes energéticas poderosas, hay que ir destrabando sus formas y secretos para aprovechar al máximo sus regalos. Eso sí, una vez dominado el campo de su magnetismo, prevalece la maravilla de su esplendor.

SAGITARIO

Este querido signo encapsula en su estructura energética la definición de «expansión».

No importa desde qué perspectiva lo observemos, Sagitario emana libertad, aventura y crecimiento.

Su recorrido va en busca de todo conocimiento que logre romper y extender las barreras de la mente; es incansable.

Su elemento es fuego, por lo que su chispa se siente desde lejos. Como si esto fuera poco, goza de la grata espontaneidad que le aporta su modalidad mutable.

Es usual que se asocie este signo con el conocimiento superior, el idealismo, los ámbitos universitarios y cualquier tipo de camino que le permita indagar el mundo del intelecto.

¿Cómo lo representamos?

SAGITARIO

Sagitario se representa con la imagen del centauro —mitad hombre, mitad caballo—, que muestra la dicotomía de su naturaleza energética. Por un lado, el refinamiento de la mente le aporta la capacidad y el desarrollo cognitivos; por el otro, los instintos, los impulsos y las necesidades físicas lo movilizan y motivan.

CAPRICORNIO

La fortaleza, el esfuerzo y el empuje constituyen la configuración sistemática de Capricornio. Es un signo de tierra, lo que le otorga practicidad y constancia. Su modalidad cardinal le concede toda la energía necesaria para emprender cualquiera de sus objetivos.

Su regente es Saturno, el planeta caracterizado por su sistema de anillos. La estructura, la disciplina y el trabajo duro son sinónimos de este signo. Su capacidad de manifestación en el mundo material es suprema. Logra plasmar sus ideas en proyectos, y sus proyectos en hechos; esto se debe a que, en su expresión más alta, atraviesa con perseverancia y paciencia el proceso que lo lleva al éxito.

¿Cómo lo representamos?

CAPRICORNIO

Simbólicamente se lo representa mediante la cabra montesa, emblema de su pragmatismo, autosuficiencia y constancia. Sabe explotar correctamente los recursos de los que dispone para encontrar su camino, y posee una conciencia innata de que lo bueno se construye paso a paso, ladrillo a ladrillo.

ACUARIO

La sana rebeldía, que, bien orientada, logra romper con todo tipo de dogma, rigidez y estereotipo. Así es Acuario, un signo de aire y de modalidad fija. Su regente moderno es Urano, mientras que el clásico es Saturno.

¿Cómo lo representamos?

ACUARIO

Acuario se representa con el símbolo del portador de agua, aunque también se puede encontrar simplificado como una jarra vertiendo su contenido. Este símbolo ilustra el fluir de sus ideas innovadoras y su eterno anhelo de utilizar su genialidad para aportar a la humanidad.

41

¿Cómo definir a Acuario? En mi opinión, lo peor que podemos hacer es etiquetarlo. Aun así, para comentar su energía, podríamos asegurar que emana un aire de genialidad excéntrica e incuestionable que, por desgracia, muchas veces el entorno no llega a comprender. Acuario parece moverse en otra dimensión, como si estuviera unos cuantos años adelantado a su época. En su energía más pura, es un signo de espíritu libre. Anda por la vida desapegado de esa carga que el deber social posa sobre nuestros hombros. Se encuentra en sintonía con su propósito y busca trascender las barreras de su propia matriz personal con el fin de dejar las cosas mejor de lo que las ha encontrado.

PISCIS

¿Habrá energía más mística que la de Piscis? No lo creo. Cuando hablamos de este signo, debemos ir más allá de las palabras.

Por supuesto que todos los signos tienen sus características y su magia. Poseen su belleza y aquello que los hace únicos y especiales. Aun así, me animo a remarcar esto de Piscis, porque es el punto energético en el que confluyen todos los signos: su aura es fascinante.

Su modalidad es mutable y su elemento es el agua. Lleva consigo un poco de cada marca y una sensibilidad única, casi indescriptible. Su vaporoso genio posee una inexplicable conexión con todo aquello que trasciende la percepción de los cinco sentidos. El arte, la música y la creatividad hechizan este signo.

Piscis es, en cierta manera, la capacidad de soñar despiertos, de llegar a nuestro destino con el magnífico poder de la imaginación. El alma de este signo se funde con el todo, redescubre lo que hay más allá del plano físico. Por eso nos suele costar comprender esta energía si solo utilizamos palabras para describirla.

¿Cómo lo representamos?

PISCIS

Sabremos que hablan de Piscis cuando veamos el símbolo de dos peces nadando en direcciones opuestas, formando un círculo. Como decíamos en el capítulo anterior, con Piscis el alma vuelve al origen, cerrando el círculo del zodiaco.

Práctica astral

UN MUNDO POR DESCUBRIR

¿Te quedan dudas? ¿Hay preguntas? ¡Excelente! Justo empezamos, nos queda mucho por hablar, explorar y descubrir. Ahora que tenemos un panorama de la estructura de cada signo, podemos avanzar un poco más en el camino del zodiaco.

En este espacio puedes anotar todas las dudas y preguntas que te hayan surgido en estas páginas, para no olvidarte más adelante.

_____

_____

_____

_____

_____

_____

_____

_____

_____

_____

_____

INTRODUCCIÓN A TU CARTA ASTRAL

¿PUEDE LA ASTROLOGÍA AYUDARTE A SABER QUIÉN ERES?

¿Cómo te sientes? Ahora que ya hemos desvelado en detalle la matriz energética de cada uno de los signos que componen el zodiaco, podemos empezar a profundizar en los elementos con los que trabaja la astrología. Si estás leyendo este libro, seguramente ya has oído hablar de la carta astral, también conocida como «carta natal». Pero, por si acaso, vamos a refrescar la memoria.

La carta astral no es otra cosa que un maravilloso gráfico que plasma al detalle la posición en la cual se encontraban los planetas en el momento de tu nacimiento. Es como si tomáramos una fotografía del cielo en el momento exacto en el que elegiste entrar en este mundo.

Este increíble dibujo es un regalo cargado de información. Al profundizar en el detalle, nos permite indagar más allá de la posición del ascendente, la disposición de casas y las interconexiones entre los planetas. A medida que vayamos avanzando en estas páginas, verás cuán sorprendente es la astrología. Algo que, a simple vista, solo parece una captura, termina revelándose como una fuente de sabiduría infinita que nos acompañará a lo largo de nuestra vida.

La carta astral es una puerta de entrada directa a nuestro universo interno, que nos ayuda a leer en detalle nuestra estructura energética.

Comprender nuestro código interno nos llevará a aprovechar mejor los dones que tenemos y a identificar con más precisión aquellos puntos que deberíamos pulir pacientemente. A pesar de que siempre tendremos puntos en común que nos muestren la divina conexión entre todas las personas que habitamos la Tierra, siempre seremos, también, innatamente únicos. Conocer nuestra unicidad nos otorga un poder incalculable. La mejor forma de ser es tenernos. **Aunque el camino de autodescubrimiento dure tanto como nuestra existencia, cuanto antes iniciemos este recorrido, más dichoso nos resultará el día a día y más nos acercaremos a nuestro compás y a nuestro propósito.**

Estamos acostumbrados a vivir en un mundo sistematizado: todos nos hemos criado más o menos bajo las mismas reglas, con las mismas formas. Como si a todos nos fuera como anillo al dedo una única receta y rutina. Sin embargo, seguro que en alguna situación has percibido que lo establecido no encajaba en tu camino. ¿Has sentido alguna vez que el proceso que nos han vendido como el indicado no te funciona? ¿Te has sentido frustrado ante una idea preconcebida del éxito?

En los procesos de crisis profunda, nuestro sistema interno se altera de tal forma que tan solo nos queda empezar el trayecto a la inversa. De dentro hacia fuera, en lugar de desde fuera hacia dentro.

Ahí, mis queridísimos, es cuando entra en juego nuestra querida astrología, y todo su saber se ofrece a acompañarnos.

¿Sabías que...?

Si bien la carta astral es la carta de presentación más habitual de la astrología y gracias a ella muchas personas se sienten atraídas hacia este conocimiento, existe una incontable cantidad de variantes que se pueden estudiar. Ejemplo de ellas son: la revolución solar, la carta compuesta, la sinastría, etc.

¿LA ASTROLOGÍA COMO SOLUCIÓN A TODOS NUESTROS PROBLEMAS?

Hace unos años, una de mis mejores amigas —muy fiel a la energía sagitariana de su ascendente y su Luna— se encontraba en la constante búsqueda de alguna nueva herramienta que le garantizase una respuesta definitiva a todas las preguntas que tenía. Tanto para esos cuestionamientos existenciales como para las pequeñas decisiones cotidianas, siempre buscaba algo externo que indicara el paso correcto que debía dar. Pasaba de videntes a astrólogas, y de astrólogas a tarotistas. El gran problema era que cuanto más buscaba, más perdida se sentía; cuanto más escuchaba, más indecisa estaba. Absorbía tanta información que terminaba agotada, confundida y frustrada. ¿Por qué? Bueno, porque nadie, absolutamente nadie, puede darnos la llave que abre las puertas de nuestro camino.

Todo lo que nos rodea, incluyendo la astrología y el tarot, son instrumentos de guía. Como cualquier otro tipo de conocimiento esotérico, representan magníficas fuentes de sabiduría, pero ninguna nos exime de nuestra responsabilidad humana. El sendero personal debemos andarlo nosotros mismos.

QUÉDATE CON ESTO

Existen brújulas, guías, compañeros; pero de nada sirven los atajos ni las verdades irrefutables o predicciones absolutas. Nuestra historia la escribimos día a día, con nuestra intención, predisposición y las decisiones que tomamos. Nada nos determina. Tenemos que hacernos cargo de nuestra libertad y de nuestros pasos.

Si bien creo que tal necesidad de certeza nos encuentra a la mayoría de nosotros en algún punto del tiempo, debo recalcar que quienes tenemos algún planeta en Sagitario sentimos más a menudo la necesidad extrema de encontrar una clara respuesta a la más mínima duda que aborde nuestros pensamientos.

Esta búsqueda exhaustiva es bella cuando se observa desde fuera, porque denota crecimiento; sin embargo, cuando se vive desde dentro, ya es otra cosa. Si nos fijamos, veremos que la constante obsesión por descubrir qué nos depara el mañana no es más que miedo disfrazado de curiosidad.

Ciertamente, a todos nos da un poco de pánico y vértigo la poca previsibilidad de la vida, sus incontables misterios y sus indescifrables secretos. ¿Cuántas veces has deseado poder saber qué va a ocurrir con tu trabajo, tus estudios o tu pareja?

El conocimiento del futuro nunca estará en nuestro poder; lo que sí tenemos en nuestras manos es la posibilidad de utilizar todo el conocimiento con el que nos vamos encontrando para seguir construyendo, descubriendo y moldeando nuestro interior. Y te aseguro que, con una base fuerte, no hay nada que temer.

Ningún viento puede quebrar los cimientos que poseen raíces profundas.

Somos como pequeños árboles. El agua de lluvia que nutre su interior cumple el mismo papel que toda la información con la cual decidimos empaparnos. Nos alimenta, nos constituye y es esencial para nuestro desarrollo. Sin embargo, no es nuestra única fuente de vida.

La astrología no resolverá toda tu vida. **Sin embargo, puede brindarte el conocimiento y las instrucciones necesarias para que conectes nuevamente con tu centro de poder interior.** Desde allí, serás capaz de hacer el resto solo. Confía en tu magia. Siempre te va a acompañar.

49

QUÉDATE CON ESTO

Ahora que vamos a entrar de lleno en cada una de las piezas que conforman tu carta astral, no quisiera que las utilizaras como unas etiquetas que te definen o como una pared que te limita. Iremos descubriendo los detalles de tu carta astral juntos, pero solo tú puedes asegurarte de que lo haces desde una perspectiva adecuada. Olvida los prejuicios y las ideas preconcebidas, toma este nuevo conocimiento como una apertura hacia los detalles más sofisticados de tu esencia.

¿HASTA QUÉ PUNTO CONOCES TU CARTA ASTRAL?

La mejor forma de empezar a comprender el corazón energético que configura este gráfico celestial es recorrer al detalle cada uno de sus elementos. Comprender en su totalidad la representación de cada aspecto es el secreto para poder delinear sin problema la interconexión de cualquier mapa astrológico que se nos presente.

Igual que cada persona tiene un sinfín de vivencias y memorias para relatarnos, cada carta astral consta de una historia repleta de particularidades para contarnos.

Cada componente vendría a ser un extracto de la narración, un capítulo del cuento. Nos va proporcionando pequeños destellos de información que, aun cuando puedan parecer insignificantes por separado, al contextualizarse permiten que el todo se vuelva comprensible.

Ahora vamos a aprender cuáles son los elementos que conforman cualquier carta astral: los signos, el Sol, la Luna, los planetas, los nodos lunares y las casas. También hablaremos de «aspectos», que no conforman un elemento más, sino una manera de referirnos a la relación que puede existir entre elementos. Cuando hay contacto o cercanía entre planetas, decimos que están «aspectados» o forman un aspecto, y esa relación puede tener infinidad de matices.

51

¿CUÁLES SON LOS ELEMENTOS QUE COMPONEN LA CARTA ASTRAL?

Los signos y el ascendente

Por supuesto, lo primero que podremos observar son doce signos, posicionados de distintas formas según cuál sea el ascendente de la carta astral. El ascendente es el signo zodiacal que —como bien indica su nombre— estaba «ascendiendo» en el horizonte en el momento del nacimiento de una persona. Su presencia marca la disposición del resto de la rueda zodiacal y se encuentra determinado por nuestro horario de nacimiento.

¿Sabías que...?

Antes de empezar tu primera lectura astrológica, te preguntarán si conoces la hora en la que naciste; es necesaria para averiguar tu ascendente, elemento de suma importancia en la carta. Por supuesto, siempre es mejor disponer de esta información, pero incluso quienes la desconozcan o tengan algunas dudas sobre su precisión pueden obtener sin problema el gráfico de su mapa astral. Mediante una serie de preguntas y técnicas, un astrólogo será capaz determinar eficazmente una aproximación correcta y obtener tu ascendente.

Nuestro ascendente juega un papel fundamental en la carta astral y, por tanto, en el transcurso de nuestra historia. Representa varios puntos importantes, como nuestra forma de presentarnos y ver el mundo, la estructura energética que venimos a trabajar y la manera en la que nos percibe el otro cuando nos relacionamos de un modo más personal. También nos habla de las experiencias que atraeremos a nuestra vida para ir conectándonos conscientemente con las características de este elemento que tanto nos define.

Las personas que comparten el mismo ascendente —aunque a simple vista sus vidas parezcan completamente distintas— suelen compartir experiencias y aprendizajes estructurales que acaban siendo claves para su desarrollo y formación. Si no lo entiendes del todo, no te preocupes; más adelante hablaremos en detalle sobre este tema y los regalos específicos que trae el haber encarnado con cierto ascendente. Ahora, continuemos explorando los signos que componen este mágico e interminable esquema que también conocemos como «carta natal».

No importa qué día o mes hayas nacido, nuestro mapa astrológico posee todos los signos. Es decir, todos tenemos la energía de un signo en algún aspecto o área de nuestra vida. ¿Suena contradictorio? Sí, pero a su vez es extremadamente real. La contradicción forma parte de nuestra cualidad imperfecta y humana que se encuentra en constante descubrimiento y aprendizaje. Familiarizarnos con la idea de que, hasta cierto punto, siempre estaremos rodeados por alguna suerte de contradicciones externas o internas nos simplifica mucho el viaje.

¿Lo vemos con un ejemplo?

Tomemos un ejemplo concreto para ilustrar mejor esta influencia astrológica que, a priori, parece paradójica pero que se vuelve comprensible cuando la observamos en profundidad.

Imagina a una persona con Acuario en la Casa X (Medio Cielo) y Leo en la Casa IV (Fondo Cielo). Esta combinación astrológica se refleja en su forma de presentarse y comportarse de modos distintos en el entorno laboral y en el hogar.

53

En el ámbito laboral, esta persona con Acuario en el Medio Cielo exhibirá una actitud innovadora, desapegada y que se encuentra constantemente envuelta en el original mundo de sus ideas. Será conocida por su mentalidad vanguardista y su enfoque completamente analítico a la hora de resolver problemas. Seguramente no pretenderá convertirse en el centro de atención ni requerirá la admiración o el reconocimiento de sus pares como motivación para desplegar todo su talento.

Por otro lado, en su hogar y en la esfera familiar, la influencia de Leo en el Fondo Cielo resultará evidente. Su corazón y generosidad se implicarán en cada interacción. Sus ganas de compartir serán habituales, demostrará su vertiente emocional con más frecuencia y va a necesitar mucho más cariño para sentirse pleno.

Si bien aparentemente pueden surgir contradicciones entre estos dos aspectos, en realidad forman parte de un todo coherente y enriquecedor. Aunque ambos puntos puedan parecer opuestos, se complementan y enriquecen mutuamente.

¿Todavía te resulta difícil de imaginar? Estoy segura de que no te muestras exactamente igual en tu trabajo que con tus amigos, ¿verdad? Y eso está perfectamente bien. No somos una cosa o la otra. Somos mucho más que eso. Las dos caras de una misma moneda, un todo sin etiquetas, que está constantemente redescubriendo distintos aspectos de su esencia.

QUÉDATE  CON ESTO

Todos somos contradictorios en algún aspecto, y no porque seamos incoherentes, sino que distintos ámbitos de nuestra realidad despiertan y estimulan distintos fragmentos de nuestra persona.

El Sol y la Luna, la Luna y el Sol

El **Sol**, la estrella central de nuestro sistema solar. La **Luna**, el único satélite natural de la Tierra. Ambos, piezas fundamentales para la existencia misma de nuestro planeta; ambos, puntos primordiales en nuestra carta astral.

Entre otras cosas, el Sol representa nuestra expresión externa, nuestro núcleo central de identidad y nuestro punto vital de energía. Es nuestro brillo, la identidad e individualidad. Cuando deseamos explorar el mundo exterior, nos enfocamos en nuestro signo solar.

La Luna, en cambio, nos habla de las emociones, de nuestra manera de amar y de todo aquello que acontece en las profundidades de nuestro ser. La Luna es nuestra forma de sentir, nuestra percepción e intuición. Cuando queremos indagar en lo que está sucediendo en los rincones de nuestro interior, debemos acudir a la Luna.

Habitamos el Sol de forma consciente. La Luna, la llevamos de forma inconsciente, principalmente durante la primera etapa de nuestra historia.

Juntos son el tándem perfecto. Al estudiarlos con precisión —incluyendo su casa, aspectos, regentes, interacción y signos—, podemos obtener un panorama claro de cómo manifiestan nuestro ser y nuestro sentir. ¿Conoces tu signo lunar? ¿Sabes cómo interactúa con tu signo solar? Pronto desglosaremos el significado tanto de la Luna como del Sol, revisándolos rincón por rincón.

Fórmula mágica

Cuando observes una carta, no te olvides de mirar si la Luna y el Sol están aspectados de alguna forma. Esa conversación entre ellos nos muestra cuán fluida es la comunicación entre ambos.

Los planetas

Cada planeta tiene su propio significado, su representación y su expresión en la carta astral. Su posición por signo, casa y aspectos nos dará información adicional sobre la experiencia de esa persona con los temas que envuelven el planeta en particular. **Tenemos tres grupos en los cuales solemos dividirnos: los planetas personales, los sociales y los transpersonales.**

Los planetas personales —también conocidos como «planetas interiores»— son aquellos que se encuentran más cercanos al Sol. Se mueven más rápido y dejan una huella más directa en la personalidad y el desarrollo individual de una persona. Estos son **Mercurio, Venus y Marte.**

Los planetas sociales son **Júpiter y Saturno;** se mueven con más lentitud que los personales, pero más rápido que los transpersonales. Son los que marcan el límite entre los unos y los otros, y nos hablan de nuestras características sociales, es decir, de nuestro papel en el grupo.

Por último, tenemos los planetas transpersonales, **Urano, Plutón y Neptuno,** cuya influencia se puede detectar a nivel generacional. Por supuesto, también inciden en nuestra experiencia individual, aunque en menor medida, salvo cuando los tenemos cerca o están aspectados a algún planeta personal. Se los llama así porque, al moverse más lentamente, hacen que todas las personas que nacieron en una misma generación compartan su posición zodiacal.

Los nodos lunares

Los nodos lunares configuran una palabra mayor en el mundo astrológico, ya que son, nada más y nada menos, los puntos matemáticos donde suceden los eclipses.

¿Sabías que...?

Los eclipses son uno de los eventos más relevantes para quienes nos dedicamos a estudiar el cosmos. Marcan cambios, actividad, y movilizan muchísima energía. Podríamos decir que nos acercan al lugar en el que debemos estar y terminan de cerrar aquello que ya no forma parte de nuestro camino evolutivo. Se marcha aquello que tenía que irse de nuestra vida, llega aquello que tenía que entrar en nuestra historia.

En nuestra carta, podemos observar dónde estaban situados los nodos en el momento de nuestro nacimiento, en qué casa y en qué signo.

Siempre se presentan a pares, y los solemos reconocer como «nodo norte» y «nodo sur» o como «Rahu» y «Ketu». Su posición describe las lecciones espirituales que nuestra alma optó por aprender en esta encarnación. Nos muestran cuál fue el camino que recorrió anteriormente y los obsequios que traemos debajo del brazo como premio por todo lo vivido.

QUÉDATE CON ESTO

En pocas palabras, los nodos marcan lo aprendido (nodo sur) y lo que hemos venido a aprender (nodo norte). Están conectados con nuestro ser superior, completamente alejados de los caprichos del ego. Y, si bien sus lecciones no siempre resultan fáciles, sus mensajes están repletos de bendiciones.

Las casas

¿Recuerdas lo que hemos hablado anteriormente? El zodiaco está compuesto de doce signos y, por consiguiente, de doce casas. **Cada una representa un área de nuestra vida y sus aspectos y características intrínsecas.** Las casas en las cuales tenemos una mayor acumulación de planetas son aquellas cuyos temas serán más significativos a lo largo de nuestra vida. Sin embargo, todas las casas forman parte de nuestras vivencias. En los próximos capítulos iremos una por una.

57

Práctica astral

TU CARTA ASTRAL

¿Qué datos necesito para calcular una carta astral? Con tu fecha, hora y lugar de nacimiento podrás obtenerla. La precisión nos ayuda, pero tampoco te desanimes si no tienes el minuto exacto. ¡Toda información es bien recibida!

¿Cómo calculamos una carta astral?

Antes se diseñaba el gráfico a mano utilizando las **efemérides astrológicas** como fuente de información. Ahora se utilizan programas de software que facilitan mucho el trabajo y lo hacen más preciso, ya que crean automáticamente nuestro gráfico natal cuando entramos los datos que nombramos más arriba. Hay muchísimas opciones gratuitas y automáticas; usa la que más te guste para obtener tu carta y completa la información a continuación. Así podrás volver a consultarlo rápidamente cuando, en los próximos capítulos, profundicemos en la lectura de la carta astral.

Tus datos

- Nombre:

- Fecha de nacimiento:

- Hora de nacimiento:

- Lugar de nacimiento:

- Signo solar:

- Signo lunar:

- Ascendente:

EL SOL

¿QUÉ TE HACE BRILLAR?

El Sol es el elemento primordial mediante el cual muchos de nosotros aprendemos a definirnos astrológicamente. Aunque sea solo el nombre, creo que absolutamente todo el mundo conoce su signo solar, ya que está marcado por la fecha y el mes de nacimiento. Casi nunca necesitamos saber otros datos —como la hora y el lugar de nacimiento— que sí son necesarios para calcular el resto de los aspectos de nuestro mapa. Salvo, por supuesto, las excepciones en las que la persona ha nacido justo el día en el cual el Sol cambia de signo.

¿Sabías que...?

Se ha popularizado la idea de que el día 21 de cada mes comienza un nuevo signo, pero no es así. La entrada del Sol en cada signo varía de un año al otro, aunque siempre suele ser entre el 18 y el 24 de cada mes. A las personas que cumplen en esos días, se les dice que nacieron en cúspide, y lo que las caracteriza es que se suelen sentir identificadas con cualidades de ambos signos. Para saber de qué signo son, lo mejor es realizar su carta astral.

Si bien el signo solar bajo el que nacemos es una faceta muy importante en nuestra persona, no configura una pieza que nos defina por completo. Como ya has visto, nuestro mapa es un todo mucho más grande que sus partes aisladas. Por eso muchas personas no se sienten tan identificadas con su signo solar. Entonces ¿qué representación e importancia tiene nuestro Sol? Hay mucho que contar, así que vayamos por partes.

El Sol tiñe o, mejor dicho, ilumina nuestra personalidad e identidad. Proporciona información sobre aquella parte de nosotros de la que somos plenamente conscientes. Podríamos decir que es aquello que nos gusta ser y aquello que nos agrada de nuestra persona. También representa el modo en que nos mostramos o nos gusta mostrarnos delante el mundo exterior.

QUÉDATE  CON ESTO

Si quisiéramos condensarlo en pocas palabras,
podríamos decir que el Sol representa nuestro ego,
la luz, los talentos, la energía y vitalidad,
nuestra esencia central e individualidad.

Una persona con la energía solar bien trabajada sabe expresar sin miedo una versión auténtica de sí misma y se permite mostrar su brillo sin barreras o filtros. Sabe quién es y no se queda atrapada en una construcción de su identidad. Comprende que la estructura de su ser es mucho más que la mera fachada exterior. Además, se encuentra conectada con su núcleo energético y se mueve hacia su propósito, ya que el Sol también representa aquello que podríamos definir como nuestra «chispa divina».

Así como el Sol representa la manera en que se expresa nuestro **brillo, la casa en la cual se encuentra nos muestra el espacio donde se expande nuestra luz.** Los aspectos de nuestra vida que se ven representados por esa casa nos detallan qué áreas del camino poseen un papel fundamental en la percepción del yo, y serán especialmente relevantes a la hora de reconocernos. La posición de nuestro Sol es tan significativa que muchas personas empiezan a verse más en sintonía con su signo solar una vez conocen la casa en la que este se sitúa.

Fórmula mágica

Es importante recordar la importancia de alimentar nuestro Sol. Cuando no nos tomamos el tiempo necesario para realizar actividades que recarguen su energía, nos podemos sentir apagados y desanimados. Aquello que nos lleva a nuestro Sol siempre es sinónimo de «vida» para nuestro espíritu, así que procura reservar siempre un tiempo para ti mismo y para las cosas que te hacen sentir a gusto y completo.

63

Nuestro signo solar, igual que cualquier otro elemento en el gráfico natal, forma parte de un proceso constante de vibración y aprendizaje. Continuamente irradiamos y encarnamos esa representación energética. No obstante, también estamos aprendiendo a recrear y habitar su energía más alta, tanto como su figura y los elementos que lo envuelven. Dicen que cuanto más en correspondencia con nuestro Sol caminamos por la vida, más dichosos nos sentimos.

Ahora sí, empecemos a ahondar en lo que representa haber nacido con el Sol en uno y otro signo. De esta forma, comenzarás a seguir el trazo de la melodía que compone tu mapa astral.

Sol en Aries

La energía de este signo hace que las personas que hayan nacido bajo su influjo, tengan una fuerte **independencia, energía e impulsividad.** Suelen ser increíblemente buenos para emprender cualquier tipo de proyecto con entusiasmo, a pesar de que pueda resultarles difícil mantenerse motivados en el camino.

Suele haber una atracción por el riesgo, la competencia y los desafíos; para cada persona, en un área diferente según dónde estén posicionados el Sol y su regente —Marte—. Esto se debe a que, consciente o inconscientemente, dichas personas creen que las cosas únicamente tienen valor cuando se ganan, y no cuando simplemente se obtienen. Por otro lado, si bien suelen ser impacientes y tienen la necesidad de ver resultados casi inmediatos, con el transcurso de los años esa inquietud va cesando.

La comunicación al estilo Aries

Los nativos de este signo van de frente y con honestidad. Su asertividad y sus expresiones sinceras pueden resultar chocantes, hay quien las entiende como una falta de tacto. Si una conversación se complica, es bueno recordar que, para alguien con este signo solar, la sinceridad es simplemente el camino más rápido hacia la claridad. Con el tiempo, la vida les va enseñando a mostrarse más receptivos ante los otros y a elegir sus batallas, hasta que ya no se involucran en cualquier discusión ni se embarcan en cualquier lucha.

Cuando vibran en una expresión más baja, desintonizados de su centro, su fuerza energética se expresa como agresividad mal orientada y están demasiado centrados en sí mismos. En cambio, cuando están trabajando conscientemente su fuego, pueden orientar la fuerza a fin de iniciar lo que desean, sentirse plenos en su autonomía y motivar a los demás a que hagan lo mismo.

Sol en Tauro

Al estar regidos por Venus, hay un aire de belleza y encanto que suele rodear a quienes nacieron bajo este signo. Cuando se encuentran conectados con su brújula interior irradian una **energía de calma y estabilidad,** como si estuvieran en perfecta armonía con la naturaleza y los procesos inherentes a la existencia. Andan tranquilos mientras disfrutan sin ansiedad de los placeres sensoriales y de la creatividad que les regala el mundo de los sentidos.

65

¿Cómo hacer que un Tauro se sienta a gusto?

Suelen sentirse cómodos en ambientes previsibles en los que prime el confort, rodeados de aquello que les da paz. Su sensibilidad a la belleza propiciará que se fijen en el entorno, y debido a su desconfianza al cambio preferirán un escenario que les reporte confianza.

Cuando no están en equilibrio, el apego a la previsibilidad les juega malas pasadas. El temor corrompe su paz interna y sienten mucha ansiedad, incluso ante la idea de cambiar de sitio. Se olvidan del poder de manifestación que poseen y se atan tercamente a lo conocido, aun sabiendo que un mundo de oportunidades les espera fuera de su zona de confort.

Sol en Géminis

Definiría a los nativos de este signo como «**una fuente inagotable de diversión, contradicciones y perspicacia**». Poseen un carisma extraordinario y caótico, fruto de la coexistencia eterna entre su lado infantil y el lado extremadamente maduro e intelectual. Niños eternos con una mente brillante. Siempre saben cómo sorprenderte.

Adoran la información y suelen alimentar constantemente la mente. Si bien no siempre nutren sus pensamientos de la mejor forma, con el tiempo van aprendiendo a filtrar aquello a lo que quieren dedicar la atención, algo que los ayuda mucho a mantener la concentración y a controlar el ritmo de sus pensamientos.

¿Cómo reconocer a un Géminis?

Es probable que todas las personas que conozcas de este signo deseen y necesiten estimulación mental. Sin un mundo intelectual activo, un nativo de este signo se aburre con muchísima facilidad. Suelen mantenerse siempre ocupados, aman la variedad y muestran una curiosidad infinita.

Sin duda, diría que **su característica más preciada es el sentido del humor**, esa rapidez genuina para conducir con gracia la ironía y transformar la cotidianidad en una comedia melodramática. Se suelen sentir verdaderamente plenos cuando aprovechan su capacidad cognitiva, la misma que les permite explorar la versatilidad del camino y las distintas perspectivas de la vida.

Sol en Cáncer

Regidos por la Luna, se dividen en dos grupos: quienes comprenden desde el primer momento la sabiduría existente en esa conexión increíble que poseen con el universo de las emociones, y quienes se pelean durante años con su sensibilidad, hasta que la vida hace lo suyo y aprenden a abrazarla.

Las emociones tiñen cada una de sus reacciones, palabras y acciones, aun cuando no son completamente conscientes de ello. Si bien suelen esconder su vulnerabilidad bajo llave, es posible observar con claridad su sensibilidad al ambiente y a las personas que los rodean.

Por otro lado, cabe destacar que **la intuición es una de sus mejores herramientas** cuando se animan a escucharla, ya que se presenta como uno de los dones más afilados de quienes nacen bajo este signo.

¿Cómo ganarse la confianza de un Cáncer?

Es cierto que los nativos de este signo suelen desconfiar en los inicios, de modo que son muy pocos quienes tienen la suerte de acceder a sus vertientes más frágiles. No esperes que se abran a ti a la primera, pero, si lo hacen, debes saber que te cuidarán como nadie. Una de sus características más visibles es el instinto de protección que se les despierta cuando alguien o algo que aman está en peligro, por pequeño que sea el conflicto. Su devoción es total.

Por último, resulta imposible olvidarnos de cómo portan con orgullo y dedicación sus raíces. Su familia. Su infancia. Su hogar. Son un elemento fundamental que constituye y rodea ese corazón emocional y un poco nostálgico que tanto sella su naturaleza.

Sol en Leo

¿Conoces a alguien con este signo solar? Si es así, seguramente ya sabrás por qué muchos también lo definen como «**el signo de la realeza**», haciendo referencia a la energía imponente que los viste. Incluso los Leo más tímidos tienen este porte inigualable que tanto los define.

Cuando las personas que poseen este Sol están en contacto con su potencial, son conscientes de su luz y utilizan el brillo para iluminar su camino y el del entorno. Se nota cuándo se sienten seguros de quiénes son, porque dejan todo lo superficial a un lado y muestran su verdadera esencia, **que es puro corazón**.

¿Cómo cuidar el corazón de un Leo?

¿Alguna vez te ha costado entenderte con una persona de este signo? Quizá sea porque, a veces, cuando no han hecho el trabajo interno necesario, buscan llamar la atención mediante un drama o situaciones nocivas para ellos. Si bien no siempre lo expresan, suelen necesitar mucho más cariño y atención de lo que muestran para funcionar felizmente en este mundo. Si quieres que se sientan a gusto, no esperes a que sean ellos quienes te pidan un gesto de cariño.

Si ya conocen su interior, los nacidos bajo este signo dejan de protegerse bajo el orgullo desmedido o la constante necesidad de un *feedback*. Comienzan a habitar su existencia en otra sintonía mucho más auténtica y fiel a su deseo de ser y compartir. Se vuelven conscientes de la magnitud de su luz y son ciertamente conocedores de que no necesitan nada más que confiar en sí mismos.

Las personas con el Sol en Leo que están en armonía con su poder interno son generosas, expansivas y extremadamente leales. Están enamoradas de la vida, de sí mismas y de quienes las rodean. Saben lo especiales que son y conocen a la perfección cómo ayudar al otro a reconocer aquello que lo hace único.

Sol en Virgo

Cada vez que conozco a un Virgo, algo dentro de mí se alegra. Es realmente un placer compartir algún proyecto o amistad con una persona tan analítica y gentil. **Su aspecto suele ser muy natural; su sonrisa, tranquila y sincera.**

Las personas de este signo no siempre lo pasan bien en los primeros años de vida, dado que su mente extremadamente detallista, crítica y perfeccionista los mete a menudo en extrañas jugadas. Como todo en la vida, esto va cambiando con el tiempo y la madurez. Una vez que aprenden a apaciguar sus pensamientos y dejan la preocupación excesiva a un lado, logran cambiar el enfoque a su favor y dejan de censurarse tanto. Aprenden a relajarse.

Virgo, la dicha de lo simple

Considero importante destacar que, para quienes tienen el Sol en Virgo, sentirse productivos y útiles es un punto clave para la satisfacción personal. Estar involucrados en causas y planes que consideran relevantes les proporciona un propósito y plenitud. ¿Quieres hacerlos sentir en casa? Escucha sus proyectos y reconóceles el esfuerzo que hacen día a día.

De más está decir que son muy autosuficientes, ya que desde temprana edad comienzan a valerse por sí mismos. Son sensibles a lo que los rodea e intentan disimular tanto como pueden aquello que sucede en sus adentros para, así, enfocar su energía en ayudar al resto. Verás que siempre están predispuestos a echar una mano a quien lo necesite.

¿Qué sucede con sus emociones? Si bien este aspecto está teñido por la posición del signo lunar, no te dejes engañar por su carácter extremadamente práctico. Todo les importa más de lo que muestran, y suelen ser mucho más emotivos de lo que se permiten.

Sol en Libra

¿Buscas a alguien que envuelva el lugar con su encanto, belleza y carisma? Estás en el lugar correcto. Sin importar cuál sea su ascendente o su signo lunar, **todas las personas de signo solar Libra comparten en su energía una especie de hechizo o encanto que es único.** Aun en sus peores momentos, los verás impecables y devolviéndole una sonrisa a quienes se les acerquen a charlar.

Siempre se encuentran en una búsqueda constante por equilibrar las distintas áreas de su vida externa e interna, algo que, por momentos, les trae más dolores de cabeza que esa paz tan deseada. Luego, la experiencia les muestra que resulta imposible estar en todos lados al mismo tiempo y que es inhumano hacerlo absolutamente todo con una perfección impecable.

Las relaciones interpersonales son un foco importante en la vida de todos nosotros; sin embargo, para los nativos de este signo toman aún más relevancia. Es muy común encontrarlos organizando reuniones, de llamada en llamada o buscando puntos en común para unir a los distintos allegados.

¿Cuál es el aprendizaje más importante para los Libra?

Son expertos en satisfacer a todo el mundo, pero deben dejar de sacrificar sus propios deseos en pos de los demás. Cuando la necesidad de complacer al otro se mezcla con su propio perfeccionismo e indecisión, suelen pasarlo muy mal. Si quieres ayudar a un nativo de este signo, acompáñale en el camino de aprender a nutrir su felicidad. Si nuestro vaso no está lleno, es imposible servir a los demás.

Sol en Escorpio

Podríamos decir que **las personas de este signo se caracterizan por la intensidad.** Según el individuo, volcará toda esa densidad energética a uno u otro espacio; pero no tengas dudas de que, cuando finalmente deciden involucrarse en algo, aquello los atrapa por completo.

Cuando están presentes, su compromiso es total. Y aunque suele costarles bastante confiar, lo dan absolutamente todo. Como todo signo de agua, están muy conectados con el mundo de sus emociones, que influyen en cada uno de sus pasos y movimientos, en general bastante extremistas.

Su carácter suele ser fuerte, imponente y, por momentos, un poco inflexible. Nunca pasan desapercibidos gracias al indescriptible magnetismo que irradian. No importa cuán extrovertida sea la persona de este signo —varía según su signo lunar, el ascendente y la posición de sus regentes—, siempre conserva un aire de misterio.

Escorpio, tu intensidad es hermosa

Esa intensidad que los caracteriza se debe a que nunca se conforman con tocar la superficie de aquello que les llama la atención. Buscan saberlo todo; a veces, hasta llegar al punto de la obsesión. Que no te engañe el hecho de que no la expresen de forma habitual: si así lo desean, pueden disimular muy bien lo que sucede en su universo interno, si los observas con cuidado podrás descubrir la profundidad de sus sentimientos y la potencia de esa pasión que les corre por las venas.

Sol en Sagitario

Un idealismo exagerado y tierno acompaña a quienes nacieron bajo este signo. **Son aventureros, optimistas y la mayoría de ellos también posee una vertiente filosófica y existencialista.**

Les encanta explorar todos los rincones de este mundo, ya sean del plano físico o del mental. Se los conoce como los viajeros del zodiaco: algunos viajan con la mente, otros, con el cuerpo, y la mayoría lo hacen con ambos cada vez que encuentran la oportunidad. Tienen un espíritu libre y es a través de la sensación de expansión que llegan a sentirse plenos.

¿Quieres conectar con un Sagitario?

Si te relacionas con nacidos bajo este signo, debes entender que la llamada de la aventura funciona sobre ellos como una atracción gravitatoria. La única forma de mantenerlos comprometidos es hacerles saber y sentir que nunca perderán la libertad. Cuando se sienten atados, suelen huir sin mirar atrás.

Los nativos de Sagitario son permeables a las injusticias que suceden a su alrededor, y su honesto idealismo se rompe en pedazos ante cada situación injusta. Aun así, no importa la complejidad del panorama que deban enfrentar, su optimismo nunca se desvanece por mucho tiempo. Siempre logran darle la vuelta

Sol en Capricornio

Son personas que, en el esplendor máximo de su energía, **utilizan una sabiduría práctica y espiritual para concretar sus metas en el mundo material.** Suelen estar muy enfocados en sus objetivos y no le tienen miedo a la responsabilidad ni al compromiso que requiere alcanzarlos.

Una vez reconocen cuál es el punto que quieren alcanzar, se enfocan en él con determinación y mucha disciplina. Cuando tienen una visión, no dejan de trabajar hasta convertirla en realidad. Van paso a paso y suelen tomar caminos que no sean muy arriesgados.

73

¿Tienes cerca a alguna persona de Capricornio?

Poseen la capacidad innata de tomar decisiones con la mente en frío y analizar minuciosamente las posibilidades. Se lo piensan muy bien antes de embarcarse en un nuevo camino, observan con calma si vale realmente la pena invertir tiempo y energía en aquello que tienen enfrente.

Respecto a sentimientos y emociones, suelen ser bastante reservados y tímidos. Por lo general, solo se abren profundamente en momentos muy puntuales y con poquísimas personas en las que confíen ciegamente.

Se sienten cómodos en la estabilidad y previsibilidad, especialmente cuando se trata del trabajo y del futuro. Les gusta saber que siguen un plan. No importa cuán lejos lleguen ni la magnitud de sus ambiciones, siempre mantienen los pies en la tierra.

Sol en Acuario

Rebeldes con causa que andan constantemente perdidos por la genialidad de sus ideas. Son personas que suelen resistirse a seguir el camino más cómodo o aquel que les dicta la sociedad o su entorno. Buscan destacar y suelen hacerlo gracias a sus brillantes ideas.

Acuario es un signo de aire regido por dos planetas: **Saturno —el regente clásico— y Urano —el regente moderno—**. Este signo solar se expresa de dos formas en las personas que lo poseen, aquellas más disciplinadas, serias y estructuradas, y aquellas más libres, despreocupadas e inconformistas. Sin embargo, la experiencia me ha mostrado que ambas vertientes suelen estar siempre latentes.

¿Quieres distinguir a los Acuario que vibran en todo su potencial? Te resultará fácil: utilizan su **creatividad e innovación** para dar la vuelta a las cosas y, en el proceso, aportar algo al colectivo. Quieren dejar las cosas mejor de lo que las encontraron.

Por momentos suelen sentirse solos, porque no todo el mundo comprende su adelantada perspectiva. Esto no es fácil en la primera etapa de la vida, pero con los años deja de preocuparles tanto. **Aprenden a amar todo aquello que los hace distintos a los demás.**

Aprende a caminar al lado de un Acuario

Si hay un Acuario cerca de ti, no debes encasillarlo ni etiquetarlo. Su vida es el lienzo de su genialidad, imaginación e inventiva; necesita saber que puede cambiar tantas veces como sea necesario. Mientras tenga esa certeza, se tomará con más calma las responsabilidades y desafíos que le presente la vida. Y tú podrás disfrutar junto a él de un enfoque original del mundo.

Sol en Piscis

Es uno de los signos más difíciles de describir, ya que, como hemos dicho con anterioridad, es el punto en el cual culmina el zodiaco. Por eso su estructura está compuesta de un poco de cada signo y posee un tinte de cada energía.

Encontrar características comunes a todas las personas que comparten este Sol no resulta sencillo; sin embargo, cabe destacar que tienen una capacidad increíble de adaptación a las situaciones, una piel camaleónica que les permite encajar perfectamente allí donde deseen.

Suelen pasar una gran parte del camino **buscándose a sí mismos**, tratando de entenderse y definirse. Sin embargo, son más felices cuando dejan de explorarse únicamente con la mente y empiezan a hacerlo también desde su sentir.

¿Adónde se ha ido este Piscis?

Seguro que te ha ocurrido: estás hablando o trabajando en algo con una persona bajo este signo y, de repente, ha desaparecido. Ya no está en la conversación, se ha ido a un rincón lejano de sus ideas. No te extrañes, no es nada personal. Por más que los veas presentes en el mundo material, cada tanto se desconectan y vuelven a perderse entre los recovecos de su imaginación.

Cuando comprenden que esa capacidad de introducirse en una fantasía con tanta claridad es una herramienta muy poderosa de manifestación, logran abrir los ojos y se dan cuenta de sus capacidades. Aprenden a utilizar la intuición para moverse por la vida con más precisión.

CONOCIENDO
TU SIGNO SOLAR

Seguro que, mientras descubrías un poco de cada signo, has prestado especial atención al que te define. Nos ocurre a todos: querer indagar en lo que nos toca de cerca es un proceso natural de autodescubrimiento. El primer acercamiento a tu signo solar es un momento muy especial. Usa este espacio para responder a las siguientes preguntas y poner en orden todos aquellos pensamientos que seguramente te bailan ahora en la cabeza.

¿Te has sentido representado por tu signo solar?

_____

_____

_____

_____

¿Te sientes en sintonía con su energía?

_____

_____

_____

_____

Vuelve a la página 28 y relee lo que has escrito en el ejercicio. Ahora compara esa imagen de ti que escribiste con lo que has aprendido de tu signo. ¿Encuentras algún punto de conexión entre ambos?

_____

_____

_____

_____

_____

_____

_____

_____

LA LUNA

¿TE ATREVES A MIRAR DENTRO DE TI?

Comprender el lenguaje de la Luna implica atravesar los obstáculos de nuestra mente y romper cualquier miedo que pueda existir en torno a una profundización completa de nuestro ser. Implica atreverte a conocerte en toda tu complejidad, a mirar lo que muchas veces está oculto, a entrar en esos lugares de ti mismo que un día cerraste, consciente o inconscientemente.

Aquí empezaremos a conocer tu Luna, y eso implica destrabar las barreras que has puesto a tu capacidad de sentir. Coge aire y entra sin titubeos al punto inicial de tu existencia, allí donde todo empieza.

79

Al tocar la Luna es cuando
realmente empezamos
a caminar por los senderos
que conducen a lo más
profundo de nuestro ser interior.

Escribir sobre la Luna representa un desafío y un honor muy grande para mí, puesto que completa un ciclo muy preciado y allegado a mi corazón. Desde que me adentré en la astrología, primero como consultante y luego como astróloga, la Luna siempre ha sido el tema que más ha cautivado mi atención. Después de tantos años de lecturas, libros y estudio, todavía me asombra como el primer día. Creo profundamente que en su conocimiento reside un gran poder sanador, un sinfín de información personal y delicada que nos ayuda a comprender desde el sentir. ¿No te parece realmente mágico?

Gracias a la Luna, logramos destrabar puertas internas cuya llave, tal vez, pensábamos que nunca encontraríamos. Deseo, desde lo más profundo del corazón, ser capaz de transmitir de forma precisa el poder que conlleva la exploración de todos sus rincones y la celebración de cada una de sus fases.

Lo más importante es hacerte la siguiente pregunta: «**¿Qué es lo que realmente necesitas para sentirte en plenitud?**». Es una pregunta difícil de contestar y, sin embargo, su respuesta resuelve muchos de nuestros acertijos personales y destraba varias ataduras conscientes.

¿Acaso no perseguimos su respuesta cada vez que tomamos una decisión vital? ¿Acaso no deseas definir con claridad qué te hace bien? ¿Crees que sabrías contestar ahora esa pregunta?

Si supiéramos lo que necesitamos, no solo sería más fácil regular nuestros estados anímicos, sino que la relación con uno mismo y con el otro nos resultaría mucho más amena. Se terminarían esos juegos de misterio en que sin siquiera percatarnos le reclamamos algo al otro que ni nosotros mismos podemos definir. Desaparecería la extraña sensación de vacío que por temporadas se nos agarra del brazo y nos acompaña a todas partes. **Sabríamos cómo guiarnos mejor, cómo elegir mejor.**

QUÉDATE CON ESTO

Si sabemos lo que necesitamos para sentirnos
emocionalmente seguros, somos capaces de distinguir
con más precisión aquello que nos va bien
y descartar más fácilmente aquello que no nos aporta nada.
Conocer nuestra Luna no resuelve todos los conflictos
vinculares y emocionales que podamos tener, pero nos
da una herramienta infalible para atravesarlos: la claridad.
En tiempos de caos u oscuridad, no existe mayor bendición
que el faro que ilumina el camino de vuelta a casa.

Es preciso recordar que la Luna no tiene luz por sí sola. Necesita al
Sol para que la ilumine, y ello nos habla de su naturaleza oculta. Igual
que a veces nos esconde parte de su ser en el cielo, en el campo inmaterial sus cualidades son más difíciles de detectar para el ojo externo
y más complejas de aceptar para nuestra percepción interna. **No
solemos ir por la vida mostrando nuestra Luna.** Por supuesto, la
posición de nuestro Sol y el resto de la carta influyen en el modo en
que expresamos sus cualidades, pero creedme cuando os digo que
solo revelamos sus verdaderos secretos a unas pocas personas.
Son solo ellas quienes logran realmente vernos.

Nuestro signo lunar nos muestra cuáles son aquellas necesidades
extremadamente recónditas y personales, que tal vez yacen ocultas
pero se expresan en cada una de nuestras reacciones instintivas. ¿Alguna vez te has sentido inclinado hacia algo o alguien sin comprender
el motivo concreto? Esto se debe a que la Luna nos indica todo
aquello que nos es familiar y nos brinda un extraño sentido de certeza y protección. **Amar y sentirnos amados. Cuidar y sentirnos cui-
dados. Nutrir y sentirnos nutridos. Todo esto se encuentra en nuestra
Luna.**

Descifrar nuestra Luna es como
lograr traducir el lenguaje de nuestra
alma y encontrar los mensajes
que nos ha ido dejando a lo largo
del trayecto. No hay que entender.
No hay que ver. Hay que sentir.

Podríamos decir que la Luna es nuestro niño interno, al que debemos aprender a alimentar, sanar y cuidar; sin olvidarnos de los límites. También nos enseña mucho sobre la relación con nuestra madre y la manera en que la vemos.

¿DÓNDE ESTÁ TU LUNA?

Luna en Aries

El hecho de saberse y sentirse independiente y autosuficiente pasa a ser una necesidad innegociable para las personas con esta posición lunar. Es muy probable que los ladrillos que han construido esta concepción sean el fruto de hechos observados y vividos en los primeros años de vida, y provocan que decidir, elaborar y tomar acción les dé paz en momentos de incertidumbre. En otras palabras, **el movimiento es sinónimo de seguridad emocional** para quienes nacieron bajo esta Luna.

Tener la Luna en Aries es sentirse en casa en esa estructura energética. Hay un mensaje implícito de seguir luchando sin importar lo que suceda, algo que, por momentos, los puede llevar a reaccionar más de la cuenta. ¿Sabes cómo reconocer a alguien con esta Luna? Fren-

.te a un problema, lo afrontará sin excusas, nada de esconderse o esperar a que el tiempo lo resuelva. Van con todo lo que tienen a confrontar lo que se presente.

No suelen ser personas que amen quedarse quietas; por el contrario, encuentran más calma en un mar revuelto y repleto de cosas por hacer.

El amor con la Luna en Aries

Precisamente porque cuando quieren algo no titubean, aman sentir que son ellos quienes llevan el mando en cualquier situación. Suelen escapar de los contextos en que se sienten dependientes de algo o alguien más y no estarán cómodos a tu lado si no lo perciben como un entorno de libertad. ¿Qué es lo más valioso que les puedes enseñar? Que la paciencia es una herramienta muy preciada. Pero ve con calma; si no actúan, se impacientan, y para ellos esperar supone todo un aprendizaje.

En los primeros años de vida, suelen tener inconvenientes porque se dejan llevar por los impulsos. Con el tiempo aprenden a redireccionar la energía hacia otras actividades, y la experiencia les permite llevar las cosas con mayor templanza.

La Luna en este signo es una de las coyunturas que impacta especialmente sobre la relación con la madre. Aunque su dinámica vincular dependerá mucho de la casa en la cual se encuentre la Luna, siempre la ven como una luchadora, incluso si su relación ha sido tumultuosa.

¿Cómo muestran su querer? Están presentes. Se puede ver lo que sienten, ya que son extremadamente transparentes en sus emociones. Hay una espontaneidad que nunca desaparece.

Luna en Tauro

Son personas muy delicadamente conectadas con los cinco sentidos y los experimentan en todo su esplendor. Olfato. Gusto. Tacto. Oído. Vista. Son receptivos a cualquier tipo de estímulo que los conecte con el goce del mundo material.

Cuando están bien, los verás decorando el día a día para tomarse los espacios de disfrute con mucha calma, saboreando cada instante. Encuentran una sensación de protección y seguridad en todo aquello que les brinde placer. Adoran rodearse de las cosas buenas de la vida. Buena comida. Buena compañía. Buena bebida. El disfrute en todos sus aspectos, colores y formatos. Su felicidad se expande con la satisfacción de los sentidos; ahí es donde se encuentra la llave de su corazón.

Si conoces a alguien con esta Luna, seguro que puedes recordarlo expresando su cariño y aprecio con obsequios. ¿Quizá te preparó su mejor plato? ¿Te compró un detalle inesperado un día que se acordó de ti? ¿Se aseguró de traerte un recuerdo de su último viaje? Esa es la manera que tienen de agasajarte y de sentirse cómodos. Seguramente, desde pequeños percibieron la comida o los regalos como una expresión de amor por parte de su madre. Por otro lado, cabe mencionar que **el contacto físico es un pilar fundamental cuando se trata de su lenguaje emocional**. Al hablar de esta Luna, los sentidos siempre están muy presentes.

El amor con la Luna en Tauro

Cuando se trata de amar, y no solo románticamente hablando, únicamente verás que estrechan el vínculo si sienten que el terreno es firme. No hacen saltos al vacío; prefieren evaluar muy bien la situación. No hay que apresurarlos ni presionarlos. Se abren lentamente, dan un paso cada vez. Si les dejas el espacio y tiempo necesarios, verás como te van mostrando los distintos rincones de su mundo interno.

¿*Cómo son sus relaciones?* Su cariño es estable y duradero. Especial-mente en pareja se empeñan en llevar a cabo pequeños y grandes actos para que el otro se sienta contento y cómodo con el vínculo establecido. Una vez creado el vínculo, es difícil que lo rompan.

Luna en Géminis

Es una Luna de aire, por lo que el mundo de las emociones está com-pletamente fundido con el universo de la mente y las ideas. Para ellos, hablarte, escribirte y preguntarte es sinónimo de interés y compromiso.

Resulta indescriptible el carisma que tienen las personas nacidas ba-jo esta Luna. Tienen un don increíble con las palabras, que se refina a cada año transcurrido. ¿Sabes ese amigo que se desenvuelve en cualquier situación, del que todos comentan al día siguiente que les ha caído genial? Sí, ese mismo que incluso tu familia adora… Algo me dice que su Luna podría estar en Géminis. Estas personas poseen un halo de simpatía y perspicacia que las hace extremadamente ver-sátiles y atractivas en cualquier entorno social.

Directa o indirectamente buscan la estimulación mental, a veces me-diante sus propios medios, otras rodeándose de personas muy cultas o expertas en su campo. Al crear vínculos —especialmente de pare-ja—, les atrae mucho sentir que el otro tiene algo que enseñarles.

El amor con la Luna en Géminis

Lo estático, tanto en las relaciones como en la rutina, les aburre plenamente. Por lo general, necesitan conectar con lo social o algo que los mueva intelectualmente para sentirse satisfechos y entretenidos. Están felices cuando llenan su rutina con mucho más que las responsabilidades laborales o estudiantiles. Disfru-tan mucho al compartir con otros, especialmente de las buenas conversaciones.

85

Puede que tengan un punto a trabajarse, ya que hablan de más cuando están en una situación que les produce mucha tensión interna. Y luego suelen arrepentirse de la forma o del contenido de su discurso.

¿Cómo recargan su energía? Nada como una buena noche de charlas con los seres queridos para dejar su corazón repleto y dichoso.

Luna en Cáncer

Nacer con la Luna en Cáncer es habitar esta existencia en completa sintonía con las cualidades y energía de nuestro querido satélite. La Luna se encuentra completamente cómoda en este signo, por eso sus cualidades fluyen sin restricción.

Las personas que nacieron con esta Luna poseen una tierna y suave dulzura que envuelve todos los ambientes que habitan. La sensibilidad se encuentra extremadamente latente en su interior, aunque la mayor parte del tiempo está oculta ante el ojo ajeno.

Recuerda que el signo de Cáncer, más allá de su emotividad e hiperestesia, está recubierto por un caparazón impermeable en el cual se esconde el bello mundo de la intuición y sensibilidad.

Es importante que la persona con esta posición lunar encuentre algún canal en el que volcar todas las emociones sin miedo ni vergüenza. Sin esa libertad de sentir, terminan aislados en sus adentros.

Para sanar necesitan abrirse, expresarse y permitir que sus cualidades lunares se extiendan sin obstáculos.

El amor con la Luna en Cáncer

Ayúdalos a familiarizarse con su sentir, dales un lugar seguro para expresar su emotividad. Ese caparazón protector de Cáncer puede hacer que los sentimientos que querrían exteriorizar se queden atrapados en su interior. Abrázalos con fuerza para que sepan que no deben preocuparse por absolutamente todo y que, al final, las cosas siempre se acomodan.

¿Cómo hacerlos sentir amados? Si se sienten cómodos en tu presencia cuidarán de ti con mucho detalle y cariño. No tengas dudas, vas a sentir su amor, estarán pendientes de que todas tus necesidades estén cubiertas. Allí donde se encuentren, lograrán recrear un hogar, ya que llevan todas esas cualidades en su interior.

87

Luna en Leo

Las personas con esta Luna suelen captar la atención de quienes los rodean, especialmente en sus primeros años de vida. Brillar forma parte de su ADN y sentirse rodeados de amor es para ellos una necesidad estructural.

Allá donde estén, y hagan lo que hagan, siempre serán todo corazón. Si no, no lo harán. Emocionalmente, **vuelcan todo su ser en aquello que aman.** Así como lo lees, con un poco de dramatismo y mucha autenticidad. Pero, ay, si cuando están presentes es enteramente, cuando se van también. Amar a alguien con esta Luna se siente como vivir en una primavera constante, y cuando se marcha cuesta acostumbrarse a vivir sin su calidez.

¿Conoces los distintos lenguajes del amor? Para las personas con la Luna en Leo, las palabras de afirmación son de las más importantes. Siempre se empeñan en detectar la luz de quienes las rodean. Te ayudan a ver la propia luz, a ser consciente de tus dones. Pero, precisamente por eso, también debes tener cuidado con las palabras dañinas o las críticas exageradas. Ese tipo de palabras penetra sin obstáculos en lo más profundo de su ego y, en lugar de ayudarlos a mejorar, los apaga por completo. No te dejes engañar por su actitud avasallante; son mucho más frágiles y susceptibles de lo que muestran. **Con los nativos de esta Luna, la mejor forma de tratarlos es siempre desde el amor.**

El amor con la Luna en Leo

¿Amas a alguien con esta Luna? Hazle saber lo importante que es para ti. Muéstrale tu aprecio por lo que es y por lo que hace. Las palabras de afirmación positiva siempre serán bien recibidas, suponen un mimo para su corazón. Ese aplauso invisible les da coraje y los inspira a seguir desplegando su amor y generosidad.

En sus vínculos, para sentirse plenos necesitan sentirse importantes. Saber que reciben la misma atención que tanto se empeñan en brindarte. Así como la luz rebota en cada objeto, ellos necesitan saber que su brillo se refleja en quienes los rodean. Es esencial que les hagas saber cuánto los adoras y la dicha que te genera tenerlos cerca.

¿Cómo cuidan sus relaciones? Si te aman, lo vas a saber. No quedará lugar para dudas. Tienen siempre una sorpresita mágica y un poco romántica esperándote. Adoran agasajarte. Hacerte sonreír. Verte disfrutar y saber que ellos son la causa de tu felicidad. Cuidan muchísimo de sus relaciones interpersonales. Siempre los sentirás pendientes de ti y de tu bienestar.

Luna en Virgo

Son personas extremadamente conectadas con su rutina y los detalles que la rodean. Se sienten a gusto cuando hay un orden previsible en su día a día. Sentirse útiles y productivos les brinda mucha satisfacción interior. Nada los alinea tanto como la sensación de haber aprovechado las horas del día.

Suelen ser personas humildes y sencillas, aunque, por supuesto, esto variará según la configuración del resto de su carta astral. No encuentran la satisfacción en lo grande o extravagante, sino más bien en el cuidado de aquello que les resulta verdaderamente esencial. Poco, pero bueno. La felicidad está en lo simple.

Por momentos, les puede costar conectarse con sus emociones y proporcionarse aquello que necesitan. Sin embargo, **es muy importante que aprendan a escucharse.** Todo lo que no expresan se ve manifestado en su cuerpo. **La conexión entre el bienestar físico y el emocional es directa.** Toda emoción no liberada se refleja en síntoma. Cuidar su cuerpo es cuidar su mundo interno. Cuidar su mundo interno es cuidar su cuerpo. Por momentos, les puede costar conectarse con las emociones y darse aquello que necesitan. Sin embargo, es muy importante que aprendan a escucharse.

89

El amor con la Luna en Virgo

Si conoces a alguien con la Luna en este signo, crea espacios seguros donde puedan hablar de sus emociones. Comprenderlos es cuidarlos. Ayúdalos a conectar con la vulnerabilidad de su sentir. No es fácil, pero cada esfuerzo vale, porque para estos nativos resulta especialmente sanador.

Al tratarse de una Luna regida por Mercurio, **tienden a pensar sus emociones en lugar de sentirlas,** y eso suele jugar más en contra suyo que a favor. Se agobian con la propia perfección y la atención al detalle. Caen fácilmente en la telaraña que se forman en la mente y acaban dando vueltas eternas sobre el mismo pensamiento, una y otra vez. Si en alguna ocasión te has visto atrapado en pensamientos recurrentes que se te comían la concentración y energía, ya sabrás lo desagradable que es. Cualquier actividad que los ayude a salir de la mente por un rato y a cortar el círculo vicioso es excelente para esos momentos.

¿Cómo muestran su amor? Te ayudan a resolver los problemas, desde el más pequeño al más grande. Estarán ahí, al pie del cañón, brindándote su ayuda, compañía y consejos a lo largo del camino hasta que logres resolver la dificultad que te ocupa. Su amor es práctico y silencioso, pero constante y extremadamente servicial.

Luna en Libra

¿Qué ocurre cuando la Luna que representa nuestras emociones y necesidades básicas se encuentra en el signo del «nosotros»? Bueno, aparece un fuerte e innegable **deseo de compartir,** nace de lo más profundo de su ser. Por supuesto, estas personas pueden estar solas, pero la dicha se multiplica cuando están acompañadas.

En sus primeros años de vida, son personas que suelen adaptarse mucho a los deseos y las necesidades de quienes los rodean. No dudan en dejar a un lado su sentir en pos de conservar la calma a su alrededor y hacer feliz al otro. Con los años, aprenden a honrar sus propios anhelos y van tomando conciencia de la importancia de prestar atención a lo que les marca su interior.

Socializar y conocer gente nueva les resulta fácil porque saben cómo adaptarse a cualquier situación, cómo comportarse en cada espacio y lugar, cómo acomodarse a cualquier grupo y ambiente. Ante todo, son muy diplomáticos. Poseen un aura un poco camaleónica que les permite aclimatarse sin dificultad alguna.

El amor con la Luna en Libra

Pese a que parecen llevarse bien con todo el mundo, profundizar no les resulta fácil y les suele producir cierta incomodidad al principio. El recorrido desde la constante anteposición del otro hasta que aprenden que la relación más importante es la que tienen consigo mismos es complejo y lleno de obstáculos, y su capacidad para abrirse puede fluctuar según el punto en que se encuentren. Entender esto y acompañarlos mientras aprenden a cuidarse a sí mismos es el mejor regalo que les puedes hacer.

91

¿Cómo entienden la amistad? Son amigos atentos que te muestran el aprecio preparándote tu comida preferida cada vez que los vas a visitar o llamándote habitualmente para preguntarte por aquello que tanto te preocupa. Son, sin duda, los anfitriones ideales.

Luna en Escorpio

Un halo de intensidad emocional rodea cada una de las vivencias de quienes nacen con este signo, especialmente cuando se trata de sus relaciones más íntimas. **Son leales en el sentido más profundo de la palabra, darían la vida por quienes aman.**

El amor con la Luna en Escorpio

Si no sabes cómo hacer que confíen en ti, la respuesta más concisa es darles tiempo. Necesitan probar tu lealtad, saber que te quedarás, que tu amor y compromiso son reales. Irás descubriendo las capas de su persona poco a poco, porque no se abren con facilidad. Ármate de paciencia, y a cambio descubrirás a una persona que nunca te va a soltar la mano.

Lo paradójico de su historia es que, aunque su profunda emotividad sea evidente en cada paso que dan, suelen tener etapas en las que todas sus emociones parecen apagarse por completo. Por lo general, esto sucede al finalizar procesos cuya emocionalidad les sobrecargó el cuerpo y los sentidos, dejándolos totalmente agotados. En estos momentos, es esencial realizar actividades que les permitan expresar libremente ese sentir que tanto han guardado.

¿Conoces a alguien con esta Luna que se muestra completamente desapegado? No te dejes engañar por la apariencia. Aunque a simple vista no muestren el océano de emociones que los habita, si prestas atención detectarás esa intensidad que tanto los caracteriza y colorea todos sus movimientos. Observa en su mirada.

Los nativos de esta Luna deben tener cuidado y evitar que su intensidad los agobie y sabotee esos compromisos interpersonales que son tan importantes para ellos.

¿Cómo experimentan el amor? Para ellos, el sentir es profundo, hasta la médula. Cada recoveco de su corazón está puesto en aquello que adoran. Aman con cada centímetro de su piel, lo dan absolutamente todo. Eso sí, no resulta fácil ganarse su confianza y, por tanto, cuesta lograr su devoción.

Luna en Sagitario

Si algo distingue a esta Luna cuando está conectada con su manifestación más alta es que encarna uno de los principios más importantes que puedan existir: el de amar en libertad. Abrazar al otro por lo que es, respetar su ser sin intentar amoldarlo a ideas o expectativas. Ese es su tipo de amor. Por supuesto, no significa que estén libres de expectativas; a la hora de crear vínculos románticos, tienen una gran tendencia a idealizar al otro o a ponerlo en un pedestal.

Igual que las personas con la Luna en Géminis, **adoran rodearse de personas que los mantengan intelectualmente entretenidos.** Aprender les encanta, por eso buscan constantemente nuevos rumbos que estimulen su rutina y les transformen el marco mental.

Sin embargo, cuando se trata de sus ideas, suelen tener una perspectiva muy fija que les dificulta cuestionarse a sí mismos. Los ideales son un núcleo importante para quienes nacieron con esta Luna, ya que marcan sus decisiones y movimientos, muchas veces sin darse cuenta siquiera. También guardan una matriz inocente muy profunda, que suele decepcionarse con facilidad cuando el mundo exterior no refleja lo mismo que ellos. Por el contrario, suelen ser flexibles para compartir, siempre están predispuestos y listos para acompañarte en lo que propongas.

93

El amor con la Luna en Sagitario

¿Te has rodeado de personas nacidas bajo esta Luna, que disfrutan de los planes sin tanto detalle o estructura? Si es así, sabrás que los caracteriza la espontaneidad y que lo único que no negocian es su libertad. Necesitan espacio para abrirse al mundo y explorar todos los rincones. Se verán fascinados por ti si les muestras que eres alguien con mundo propio.

¿Cómo transmiten su interior? El humor es una parte primordial de su estructura emocional y la herramienta que utilizan para lidiar con las alegrías y complicaciones de la vida. Conectar con la risa es su forma de sentirse en casa.

Luna en Capricornio

Quienes nacen con esta Luna suelen mostrar **mucha sobriedad emocional,** más allá de lo que pueda suceder en su interior. ¿Tienes a tu alrededor a una de esas personas que siempre están resolviendo los problemas de los demás o del mundo material? Seguro que has notado que esa lucha les deja casi sin tiempo ni espacio físico para conectar con lo que les sucede a nivel personal.

A simple vista se presentan como una montaña de fortaleza interminable en la que sus allegados suelen descansar. Les gusta el rol de encargarse del otro, pero deben tener mucho cuidado con no olvidar las propias necesidades. A largo plazo, haber ignorado lo que venían a enseñarles sus emociones puede salirles muy caro.

El amor con la Luna en Capricornio

Para alguien con esta Luna, salir de su fortaleza y bajar la guardia se convierte en un complejo desafío interno. Liberar su lado sensible no resulta sencillo, a pesar de que en su personalidad está muy presente. ¿Tienes a un ser querido con la Luna en Capricornio? Si te deja cuidar de él y encuentra en ti a alguien dispuesto a recibir esas emociones, es que realmente confía en ti. Demuéstrale que puede abrirse contigo y siempre vas a tener a alguien que te apoye incondicionalmente.

Otra característica de quienes nacen bajo esta Luna es que, desde una temprana edad, irradian una especie de madurez inexplicable, que a veces se transmite como una constante exigencia interna a su rendimiento. También se ve en su extrema independencia. Siempre quieren demostrar su completa autosuficiencia y no acaban de sentirse a gusto si perciben que dependen de alguien para lograr sus metas.

Lograr objetivos económicos, materiales o laborales les da mucha seguridad emocional, lo que explica que dediquen gran parte de su tiempo y energía a estas metas.

¿Cuál es su lenguaje del amor? Igual que la mayoría de las lunas de tierra, al estar tan conectados con el universo palpable de nuestros sentidos, muestran su amor con hechos prácticos u obsequios. Un pequeño regalo o su ayuda en algo que te esté preocupando puede ser su manera de hacerte ver que te aprecien y quieren estar junto a ti.

95

Luna en Acuario

¿Conoces a alguien que haya nacido bajo esta Luna? Hay un pequeño ejercicio muy interesante que me fascina hacer cuando conozco a alguien con esta Luna: le pregunto cómo ve a su madre. Resulta extremadamente interesante, porque todos ellos acostumbran a tener una perspectiva completamente inusual. Suelen percibirla como una persona diferente, a veces un poco extravagante y completamente única, conectada tanto con el mundo físico como el espiritual, libre, elocuente y, por momentos, un poco desapegada cuando se trata de demostrar sus emociones.

Para las personas con esta Luna, la seguridad no se encuentra en aquello completamente certero, sino en el hecho de **saber que las posibilidades son variadas e infinitas.** El cambio no es conflicto, sino parte de lo que les proporciona estabilidad, aunque suene contradictorio. Sean conscientes o no, se suelen exponer a situaciones que los obligan a salir de la sensación de certeza que brinda el camino estático y conocido. Es probable que se sientan más en casa en un ambiente inexplorado o rodeados de personas completamente distintas, que en su lugar de nacimiento, donde se encuentran quienes forman parte de su «lugar de pertenencia». Lo inusual les da libertad de ser y ahí es donde hallan cobijo.

El amor con la Luna en Acuario

Cuando se encuentran en situaciones de mucho estrés, los nativos de esta Luna suelen entrar en una especie de piloto automático emocional y se desconectan completamente del sentir. Si no toman conciencia de este patrón, terminan aislándose del resto, y en este punto puedes ayudarles a ver que merece la pena conservar los lazos fuertes con su entorno. Tan solo se trata de hacerles saber que estás ahí.

Quienes nacen bajo esta Luna muestran su amor de forma extraña, incluso un poco bizarra, siempre enfocados en hacerte saber cuánto te admiran, más que cuánto desbordan de amor por ti.

Algo asegurado con los nativos de esta Luna es que, sin duda, te vas a divertir. **Valora su sentido del humor único** y verás como te regalan un sinfín de anécdotas. Convierten cualquier situación en una comedia.

¿Cómo se llega a su corazón? Para las personas con la Luna en Acuario, el amor es sinónimo de admiración. Aman a quienes admiran. Admiran a quienes aman. Van de la mano. Por eso, cuando se les termina el amor, seguramente se debe a que también se desvaneció el entusiasmo y asombro.

Luna en Piscis

¿Quieres conocer un secreto sobre las personas con esta Luna? Pueden saber exactamente lo que necesitas aunque no les hayas dicho absolutamente nada. Son magos decodificando los estados emocionales de los demás, gracias a una capacidad innata para entender al otro.

Este don puede estar más despierto o dormido según el nivel al que esté trabajando su intuición y hasta qué punto han aprendido a escucharla. Sin embargo, esta capacidad sensorial siempre está presente.

Su mundo interno no se rige por el plano de las ideas o los sentidos, sino por la sabiduría que obtienen de la fina percepción intuitiva. La empatía excede en ellos los bordes de sus vivencias, **pueden comprender a la perfección tu emoción, dolor o dicha, incluso si jamás han experimentado aquello que estás viviendo.** Leer sobre esta capacidad innata que poseen resulta bellísimo, pero vivirlo en carne propia no es tan fácil. Los nativos de este signo lunar tienen que revisar constantemente sus límites y tomarse tiempo aparte para descansar.

97

El amor con la Luna en Piscis

¿Amas a alguien con esta Luna? Ayúdalo a cuidar su sensibilidad. Presta atención a los pequeños detalles que le permitan llevar una rutina más tranquila y sana. Evita que se olvide de suplir las propias necesidades y ofrécele espacios y recursos para conectar con su espiritualidad y explorar la creatividad, como tiempo para meditar por las mañanas o un lugar de calma para escucharse. Te lo agradecerá toda la vida.

Cuando el exterior los presiona, buscan evadirse a toda costa. **Esto ocurre porque necesitan tiempo para soñar despiertos y bucear en su creatividad** y, sin estos espacios de distancia en los que se reencuentran con su centro, la cotidianidad les resulta muy pesada. Tanto conectan con el entorno que, por momentos, se olvidan de sí mismos.

¿Qué alimenta emocionalmente a esta Luna? Todo lo que va más allá del plano concreto. Música, películas, romance, yoga o cualquier método de conocimiento espiritual. Adoran todo aquello que los conecte con otra sintonía, que les permita teletransportarse a otra realidad.

UNA PERSONA, MIL VERSIONES

Si tienes hermanos, mira sus signos lunares y pídeles que escriban en estas líneas cómo definirían a vuestra madre. Veréis que cada uno la percibe de una manera diferente; a veces, incluso, completamente distinta. Sin embargo, estamos hablando de la misma persona.

¿Quién está en lo correcto? Todos y nadie. La madre es la misma, pero la dinámica energética con cada hijo es única. Este es otro ejemplo del modo en que la propia matriz interior se ve reflejada en el exterior y de cómo nuestra percepción juega un papel fundamental en la interpretación de la realidad.

_____

_____

_____

_____

_____

_____

_____

_____

LAS CASAS ASTROLÓGICAS

¿DÓNDE ESTÁ LO QUE TE IMPORTA?

La carta astral conforma la representación gráfica de nuestra estructura energética, que nos permite observar en detalle y profundidad nuestro camino. Nuestro mapa astral se expresa en cada paso que damos, igual que lo hace nuestro crecimiento y evolución. Su dibujo es estático, pero su manifestación es dinámica, se va puliendo y refinando a medida que alcanzamos nuevos estados de consciencia.

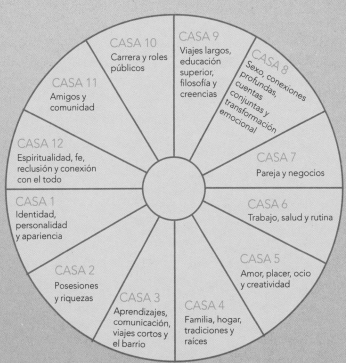

CASA 10
Carrera y roles públicos

CASA 9
Viajes largos, educación superior, filosofía y creencias

CASA 8
Sexo, conexiones profundas, cuentas conjuntas y transformación emocional

CASA 11
Amigos y comunidad

CASA 12
Espiritualidad, fe, reclusión y conexión con el todo

CASA 7
Pareja y negocios

CASA 1
Identidad, personalidad y apariencia

CASA 6
Trabajo, salud y rutina

CASA 2
Posesiones y riquezas

CASA 5
Amor, placer, ocio y creatividad

CASA 3
Aprendizajes, comunicación, viajes cortos y el barrio

CASA 4
Familia, hogar, tradiciones y raíces

Te animo a ponerte cómodo y sentarte frente al **mandala zodiacal**. Obsérvalo con atención. Verás que sus 360 grados están divididos en pequeños sectores, que solemos denominar «casas». Cada casa representa un conjunto de elementos que están relacionados con un área de la vida, un sector de nuestra historia. En el mandala en reposo —así denominamos el gráfico general cuando no refleja una carta astral—, cada casa está ocupada por uno de los doce signos. Por consiguiente, se dividen de forma equitativa y cada una ocupa 30 grados. Sin embargo, en una carta astral, las casas no suelen tener esa exactitud y su tamaño tiende a ser desigual.

¿Sabías que...?

Los mandalas suelen estar diseñados siguiendo un patrón simétrico y un formato circular. A lo largo de la historia, diversas culturas y religiones los han empleado como símbolos espirituales que representan la totalidad, esa interconexión invisible pero real que existe entre todo lo que nos rodea en el plano físico y el universo divino.

En función del aspecto de tu vida que quieras trabajar, tendrás que enfocarte en una u otra casa, aunque por supuesto todo está interconectado. Por ejemplo, si deseas comprender cómo emplear mejor tus dones y desarrollo en el trabajo, observarás la Casa X, los planetas y asteroides que tienes en esa casa, el signo en el que cae y la posición del regente de ese signo. Esta lectura te dará muchísima información y te ayudará a entender la situación en la que te encuentras y las habilidades que posees para afrontarla con plena atención.

COMPRENDER LAS CASAS ASTROLÓGICAS

Cuando empezamos a adentrarnos en el mundo de la astrología, las casas suelen resultarnos lo más desconocido. Casi todo el mundo conoce su Sol o ha oído hablar del ascendente, pero muchos no han llegado a comprender la estructura de las casas. Es normal tener preguntas y dudas si la imagen que te devuelve la carta natal no presenta el mismo patrón en cada casa. ¡No te preocupes! Estamos aquí para desentrañar poco a poco esas dudas y para que aprendas a interpretar tu carta en toda su complejidad. Te aseguro que no hay cartas mejores ni peores y que la distribución de los planetas entre tus casas jamás tendrá connotaciones negativas. Aquí hemos venido a conocernos, con nuestros blancos y negros, pero, sobre todo, con amor y comprensión.

¿Todas las casas son importantes?

103

Por supuesto. Aun así, se consideran las casas angulares —que son la I (identidad y personalidad), la IV (familia y raíces), la VII (pareja y socios) y la X (carrera y metas a largo plazo)— las más relevantes a nivel general. Esto se debe a que representan áreas fundamentales en nuestra vida y que nos informan sobre nuestra interacción con el mundo exterior y sobre el nexo con nuestro núcleo interno.

¿Qué significa tener muchos planetas en una casa?

Una casa que presente una acumulación de planetas nos indica que los temas que la conforman serán especialmente significativos en la vida de esa persona. Es decir, esa área se convertirá en una pieza fundamental de su tablero biográfico.

¿Qué ocurre cuando tengo una casa vacía?

El hecho de que no haya planetas en una casa no implica ninguna connotación positiva o negativa. Aunque en todas las casas siempre hay movimiento y experiencias importantes, tan solo muestra que tal vez no sea un área con tantos aprendizajes trascendentales como las que tienen más de un planeta. Cuantos más planetas se encuentran en una casa, más acumulación energética hay en la misma. Una técnica interesante para obtener más detalles sobre esa casa y cómo se expresa su energía es observar dónde se encuentra su regente. ¿Recuerdas que en el capítulo 2 hemos visto el planeta regente de cada arquetipo? Si como cúspide de la Casa VI tienes a Tauro, te recomendaría observar en qué lugar se encuentra Venus —es decir, su planeta regente— en tu carta.

¿Por qué es tan importante comprender en profundidad cada casa?

El signo en el que se halla un planeta nos cuenta cómo se expresa esa energía, mientras que la casa nos indica dónde. Hay infinidad de versiones de cartas astrales, porque en cada una de ellas varían la disposición de las casas, la posición de los planetas, etc.

¿Lo vemos con un ejemplo?

No es lo mismo un Sol en Sagitario en la Casa VIII que un Sol en Sagitario en la Casa X. El Sol en la Casa VIII posee una energía más intensa y magnética, pero también más retraída y silenciosa. En cambio, el Sol en la Casa X lucirá con más fuerza orientado hacia lo externo y estará envuelto de una energía de liderazgo. Las cualidades dadas por el signo son más perceptibles al ojo ajeno que en la Casa VIII. Al cambiar su área de expresión, también se ve coloreada su percepción y manifestación.

QUÉDATE CON ESTO

Del mismo modo que ocurriría si visitáramos las casas que componen un vecindario, nos permitirá conocer en detalle la energía que lo envuelve; explorar una por una las casas astrológicas nos abrirá la puerta a comprender el zodiaco en su totalidad, desde una mirada mucho más integral.

DOCE CASAS, DOCE ÁREAS

Casa I

La Casa I nos habla de las características personales que irradiamos cuando nos relacionamos con el entorno. **Representa nuestra forma de presentarnos al mundo, la manera en que nos perciben los demás a simple vista.** Es el área del yo y el canal que utilizamos para interactuar con lo que nos rodea. También nos muestra cómo encaramos aquello que deseamos, nuestro modo de iniciar cosas nuevas y cómo nos movemos por los caminos que se nos van presentando.

¿Sabías que...?

Algunos astrólogos sostienen que la Casa I es la máscara que nos ponemos para salir al mundo y que muchas veces utilizamos características del signo en esta casa para filtrar nuestra verdadera esencia. Podemos escondernos bajo sus características y construir una imagen para proyectarla a los demás.

¿Recuerdas algún momento de la infancia en el que notaras que los demás esperaban que te comportases de cierta forma? Quizá como un niño callado o como una niña muy risueña, más o menos extrovertido o más o menos cariñosa. Esta casa nos habla de aquello que nuestro entorno más cercano esperaba de nosotros y de la energía que el ambiente proyectó sobre nosotros, especialmente en nuestros primeros años de vida.

Dentro de la Casa I también encontramos características de nuestra apariencia. Es común observar que personas con el mismo ascendente poseen rasgos similares. Todos los planetas que se encuentran en el ascendente influyen directamente en nosotros y en la forma en que observamos e interactuamos con la vida.

El signo que se encuentra en la cúspide de la Casa I también se conoce como el ascendente. Observando su representación y estudiando en detalle el camino delimitado por su energía, podremos desenvolver todos los regalos guardados para nosotros en los campos de nuestro ascendente. Recuerda que el ascendente viene determinado por el signo que se estaba levantando en el horizonte en el momento de tu nacimiento. Es el signo que te acompaña desde que entraste en este mundo.

Nuestro ascendente es uno de los puntos más interesantes y relevantes de nuestra carta astral.

¿Quedaron dudas? No te preocupes, en los próximos capítulos ahondaremos en lo que trae y representa cada ascendente. Iremos compartiendo el camino juntos.

Casa II

Esta es una casa muy conectada con el mundo material y el valor personal. No solo habla de cómo nos valoramos o de lo que apreciamos en el mundo de los sentidos, en el plano físico; también muestra qué es aquello que nos hace sentir valiosos o que percibimos de esa forma en otra persona.

Por otro lado, brinda mucha información sobre la relación que tenemos con el dinero y cómo nos gusta gastarlo. Además, indica cuáles podrían ser esas fuentes de ingreso en que la abundancia fluya en armonía. Encontrar un camino propio que te permita dedicarte a algo satisfactorio no siempre resulta tan sencillo, ¿verdad? Todos hemos dudado al desentrañar estas piezas sobre el futuro y hemos sufrido noches de ansiedad pensando que no lo conseguiríamos. La observación de esta casa puede ayudarte; además, puedes completarla mirando la posición del regente del signo en el cual comienza tu Casa II.

QUÉDATE CON ESTO

Cuanto más te aprecias y cuidas el cuerpo, tu ser y tu energía, mayor es tu alineación con aquello que se encuentra en esa misma sintonía de luminosidad. Nutre tus necesidades, haz de tu existencia un lugar seguro y crea la estabilidad desde el centro para alcanzar ese estado. Comprender lo valioso que es tu tiempo te permite invertir mejor en los objetivos deseados. Cuando sabes lo que vales, cuidas mejor de todo lo que eres y tienes.

Casa III

La comunicación, los pensamientos, los viajes cortos y la relación con los hermanos. La Casa III envuelve un maravilloso conjunto de áreas de nuestra existencia, la mayoría están asociadas al plano de las ideas y de la mente. Además, nos señala información clave sobre el modo en que adquirimos nuevo conocimiento y en que procesamos esa información.

El habla, la escritura y las conversaciones diarias están regidas por esta casa. Tu estilo de comunicación está íntimamente ligado a la Casa III. Piensa en cómo hablas con tus amigos, tu familia, tus compañeros de trabajo o de estudios. ¡Qué distintas serían tus relaciones, tu vida, si tu manera de comunicarte no fuera la que es! Quizá conectarías en menor medida con alguien, habrías tomado otros senderos o no te habrías reído junto a esa persona que acabó convirtiéndose en un ser imprescindible para ti.

Por ejemplo, una persona con la Luna en la Casa III se expresa verbalmente desde las emociones y seguramente con mucha emotividad. Por supuesto, también hay que tener en cuenta otras cosas, como los aspectos que obtiene y la posición de Mercurio.

Esta casa también se relaciona con el barrio, el entorno directo y la escuela. Nos da pie a conocer la forma en la que abordamos, exploramos y comprendemos el entorno mediamente cercano.

Casa IV

También conocida como Fondo Cielo o *Imum Coeli*, la Casa IV **representa aquello que nos conecta directamente con el hogar y las raíces.** Es el ámbito familiar y todo lo que rodea nuestra crianza e infancia. Se la asocia con lo que nos hace sentir pertenencia, que nos brinda la sensación de hogar. Además, se la relaciona con nuestro linaje, con la madre, los recuerdos y el pasado.

¿Sabías que...?

Esta casa también alude, literalmente, a nuestra casa física, el espacio donde nos sentimos protegidos y en calma. Nuestro pequeño retiro del mundo exterior, adonde volvemos cada día para descansar y recuperarnos, para poder ser quien somos sin miedo a las miradas ajenas.

El Fondo Cielo es un área muy íntima y privada de nuestra carta astral. No cualquiera tiene acceso a ella, por eso se la relaciona con aquello que habita muy profundamente dentro de nosotros y está escondido de la mirada externa. Piensa en tu cuarto de adolescente, ese lugar que, seguro, decoraste para sentirlo tuyo y en el que no querías a ningún intruso. La Casa IV es la representación inmaterial de ese espacio en el que tuviste la posibilidad de ser tú mismo. Si bien todos pueden ver quiénes somos en nuestra vida más pública, solo unos pocos llegan a ser invitados, puertas adentro, a la Casa IV.

Casa V

La Casa V representa todo aquello que, de alguna forma, aviva la llama de nuestro corazón. Todo lo que nos hace sentir realmente conectados con la vida en su totalidad. También se vincula con la paternidad y maternidad, la relación que construimos con nuestros hijos, nuestro estilo parental. Es una casa maravillosa, donde se encuentra lo que nos hace brillar.

109

QUÉDATE CON ESTO

¿Sabías que esta casa también se asocia con el disfrute, el juego, el romance y la diversión? Si quieres explorar lo que ofrece, te invito a aventurarte en actividades creativas que te permitan expresarte libremente y expandir tus horizontes. Baila, pinta, decora tu casa, crea algo de la nada, escribe algo que salga de tu centro... ¡Date permiso para explorar todo el potencial creativo!

Muchas personas creen que es la casa del amor y de las relaciones, pero esto no es del todo correcto, ya que la **Casa V se vincula con el comienzo de la relación, la etapa de conquista y romance.** Cuando se trata de una pareja consolidada en el amor, con compromiso de por medio, debemos acudir a los temas regidos por la Casa VII.

Casa VI

Nos habla de algo tan simple y esencial como la rutina diaria, la manera en que organizamos y estructuramos nuestros días. Rige hábitos de toda índole, ya sean deportivos, alimenticios o referidos a la cantidad de horas que solemos dormir. **Todo lo que supone una parte práctica y fundamental de la cotidianidad encuentra su conexión aquí.**

También está asociada a la salud física y la relación que tenemos con nuestro tan preciado cuerpo. Nos enseña mucho sobre aquello que nos puede guiar en el proceso de aprender a cuidarlo y escucharlo.

La Casa VI se relaciona, además, con los compañeros de trabajo, las tareas que realizamos en cada jornada laboral y los **animales domésticos**.

Casa VII

Esta casa representa al otro, todo lo que no soy yo. Es la casa de la pareja, los socios, el matrimonio y el compromiso. Todo lo relacionado con nuestro cónyuge está regido por esta casa, por eso nos da mucha información sobre las relaciones de pareja.

QUÉDATE CON ESTO

La Casa VII está vinculada con todo aquello que forma parte de nuestra vida, pero incluye a otra persona para poder completarse.

También puede llegar a representar el filtro que tiñe nuestra manera de ver a los demás. Al observar el signo y los planetas que se encuentran en tu Casa VII, podrás detectar con claridad cuáles son esos aspectos y características propios que solemos proyectar en el otro.

La cúspide de la Casa VII también se conoce como el descendente.

Casa VIII

Una de las casas más profundas de la rueda zodiacal. La Casa VIII **se relaciona con todos aquellos tesoros que se encuentran en las profundidades más ocultas de nuestro interior.** Rige todos esos procesos emocionales —también llamados «crisis»— que causan una gran transformación en nuestra vida. Habla de la conexión con el poder personal, nuestra capacidad de reinvención.

También está vinculada con el sexo y la relación que establecemos con nuestra energía sexual. **Las pasiones intensas tienen lugar en esta casa,** junto a aquello que podemos sentir casi como una obsesión.

¿Sabías que...?

Las personas con muchos planetas en esta casa exudan un magnetismo extremadamente cautivador. Alguien conectado con su propio poder y conocedor de sus pasiones nos suele resultar intrigante y cautivador, como si sospecháramos que ha encontrado aquello que nosotros también estamos buscando.

Además, la Casa VIII rige el conocimiento esotérico o espiritual y la psicología, así como el dinero compartido, las herencias, la muerte y los impuestos.

Casa IX

La Casa IX está relacionada con **aquello que nos expande mentalmente, que abre las puertas de la psique** y nos revela el sinfín de posibilidades, perspectivas e ideas que flotan a nuestro alrededor. Además, nos habla de los viajes largos, el conocimiento superior y la filosofía.

¿Has sentido esas ganas irrefrenables de visitar un país extranjero?, ¿de vivir experiencias que te permitan atravesar tus fronteras físicas y mentales?, ¿ese gusanillo que sientes al preparar la maleta y saber que ante ti se presenta lo desconocido? Esas emociones tienen que ver con la Casa IX, porque nos hacen crecer emocional e intelectualmente. **También se la vincula con el propio sistema de creencias, construido a lo largo de los años y que utilizamos como guía para movernos a través del mundo.**

Las distintas culturas, los idiomas, las experiencias religiosas, la enseñanza, la universidad y los maestros con los que nos cruza la vida también se rigen por esta casa.

Casa X

La Casa X también se conoce como el Medio Cielo o *Medium Coeli*, porque es el punto que se encuentra en la parte más alta de nuestra carta astral. Tiene que ver con nuestra imagen pública, con la versión de nosotros que perciben quienes no nos conocen personalmente. La Casa X es como mirar a alguien completamente desde fuera, con nulo conocimiento de su vida personal. Como si viéramos su perfil en las redes sociales y nos formáramos una idea de quién es basándonos en datos genéricos, como la profesión, la nacionalidad o el modo en que se presenta, viste y habla esa persona.

La información de esta casa también nos habla de la carrera, las metas que tenemos a largo plazo y los logros que deseamos alcanzar en el mundo material.

En esta casa obtendremos información sobre nuestra forma de relacionarnos con las responsabilidades propias, sobre nuestras ambiciones en el ámbito laboral y sobre nuestra consistencia a la hora de cumplir y comprometernos con las obligaciones que nos permitirán alcanzar la idea de éxito que tenemos. Los jefes y todas las otras figuras de autoridad también están relacionadas con esta casa.

QUÉDATE CON ESTO

¿Te cuesta pensar en tu futuro laboral? ¿Sospechas que ahí fuera hay algo que te haría más feliz? No estás solo, los cambios en esta área dan mucho miedo y es normal que las dudas nos paralicen. El camino de autoconocimiento en el que te has embarcado también te puede ayudar: observa el signo que cae en la cúspide de la Casa X y obtendrás mucha información sobre cuáles podrían ser buenos caminos laborales para ti. Recuerda que siempre debe ser observada junto a otros factores de la carta, como la posición del Sol y del regente de ese signo.

Casa XI

Bienvenido a la Casa XI, una casa de puertas abiertas que **representa todo lo que nos llena y eleva al compartir**, especialmente cuando se trata de unirnos por una causa superior con el fin de aportar al colectivo o devolver a la comunidad. ¿Recuerdas que comparábamos el presente recorrido por las casas del zodiaco con un paseo por el vecindario? Cierra los ojos e imagina esta casa. Seguro que te llega olor a algo rico, a una comida que se está preparando para compartir y celebrar. Del interior de la casa emerge el sonido de la música, risas y charlas y, si te fijas, seguro que desde la ventana ves la silueta de personas conversando. Todo en ella invita a entrar para unirse a celebrar la unión y el grupo.

La Casa XI simboliza aquello que se logra mediante la unión de un grupo de personas que comparten los mismos ideales o el mismo objetivo. Por eso, actividades como los voluntariados —en que cooperamos movidos por una causa superior— se ven en esta área de nuestra carta.

> La Casa XI nos enseña
> cuán poderosa y expansiva
> es la unión grupal. Juntos llegamos
> mucho más lejos.

No debería extrañarnos que esta casa también se conozca como la **casa de la amistad.** Rige, nada más y nada menos, uno de los vínculos más hermosos que se pueden tener en la vida: los amigos, ese amor fraternal tan especial que nos acepta sin juicios y nos abraza en libertad.

Casa XII

Aquello que excede completamente los límites materiales de nuestra mente racional, todo lo que conecta con el universo místico e indescriptible que nos atraviesa y convive con cada uno de nosotros. Toda esta magia convive aquí.

La Casa XII envuelve los sueños, las vidas pasadas, las leyes de la vida y el karma. Allí trascienden el ego, el cuerpo y el ser; es una

casa donde lo que somos se disuelve de alguna forma para conectarse con algo más. ¿Qué, exactamente? Imposible describirlo con palabras, tal vez sea por eso que, al charlar sobre esta casa, no basta
con comunicarnos desde la razón.

¿Alguna vez te has dejado llevar por la melodía de una canción y has
sentido que te trasladaba a otra dimensión? Eso mismo es la Casa XII.
Experiencias trascendentales, espirituales, donde solo somos alma
conectando con energía. Esos puntos en el tiempo y el espacio que
únicamente podemos alcanzar mediante la meditación.

También nos habla de los finales, el altruismo, los caminos espirituales y los despertares de conciencia. Lo inconsciente y todo lo que
yace oculto en los rincones más escondidos de la mente, porque escapa a nuestro conocimiento y encuentra su lugar aquí.

Práctica astral

UNA CASA PARA
CADA SITUACIÓN

No me lo digas; te sientes como si acabaras de recibir una avalancha de información, ¿verdad? La astrología puede provocar esto: miras por una rendija y te das cuenta del mundo inconmensurable que hay tras ella. Para que puedas ver de forma práctica cómo todo lo que acabas de leer se conecta directamente con las experiencias de tu vida, te propongo que intentes situar algunos temas o situaciones que consideres importantes en la casa que los rige; y, claro, puede ser en varias.

Por ejemplo, puedes pensar en alguna encrucijada que hayas vivido en el pasado. ¿Tenía que ver con tu trabajo? ¿Involucró a tu familia, a tus amigos? Si era en una relación romántica, ¿crees que tuvo más que ver con la Casa V o con la solidez de la pareja, regida por la Casa VII? Este ejercicio te ayudará a entender mejor las casas e incluso puede serte útil para llegar a la raíz de ciertas situaciones que hasta ahora no hayas visto con claridad.

Aprovecha este espacio para apuntar tus ideas y conclusiones:

ASCENDENTES I

¿CUÁL ES TU DESTINO?

Acostumbro a imaginar historias ajenas desde que tengo uso de razón. Es un ejercicio que comenzó como herencia de mi padre y continuó como entretenimiento personal. Cuando era pequeña, él y yo nos sentábamos frente al ventanal de una heladería del barrio y construíamos teorías inconclusas sobre toda persona que pasase por allí. Aunque nuestra mirada siempre estuviera polarizada por nuestra propia lente personal, jugábamos a habitar por unos minutos en un mundo ajeno. Recorríamos un camino completamente foráneo, como si fuéramos invitados de honor que conocían con lujo de detalles cada recorte de la historia.

Ahora, sentada en una de mis esquinas favoritas de la ciudad, mientras me tomo un café y miro a la gente pasar, me pregunto cuál será la historia de cada uno de estos desconocidos con quienes coincido apenas un fragmento de segundo. Aunque ni siquiera llegamos a cruzar miradas, proyecto en mi mente una imagen ficticia de su ser y su recorrido, como tantas veces hice con mi padre.

Por momentos, creo que la dicha de ser astrólogo yace en la sensación de sentir que llegas a tocar un corazón que, tan solo un momento atrás, te era completamente ajeno. Observar una carta astral nos permite lograr eso que tanto anhelamos y que a su vez nos resulta tan remoto: conectar profundamente, con nosotros mismos y con el otro.

Porque al final del día todo es una suerte de conexiones infinitas, ¿no?

El ascendente también nos pone en contacto con esa experiencia tan preciada de conectar, ya que es el puente que nos enlaza con el mundo que nos rodea. Es un sistema energético que nos envuelve y acompaña. Dado que emanamos su energía desde nuestro interior, terminamos atrayendo a personas y situaciones que representan esas mismas características. **El ascendente nos habla de nuestra forma de vincularnos con la vida, de relacionarnos con el entorno y de sentirnos o no parte de determinados contextos.**

Digamos que cada ascendente es una puerta de entrada al universo físico. Dependiendo de qué puerta nos toque, experimentaremos una versión u otra del mismo. **¿Nos determina? No. ¿Nos enfrenta a ciertas experiencias particulares? Sí.** La vibración de la energía de nuestro signo ascendente es interna, pero la percibimos con más claridad cuando la vemos materializada en el entorno.

¿Sabías que...?

Nunca deja de sorprenderme —por su exactitud— que, con frecuencia, el signo solar de algún miembro de la familia directa o de alguna pareja estable coincida con el de nuestro signo ascendente. Si tienes curiosidad, pregunta en tu entorno y, casi con total seguridad, encontrarás esta conexión.

¿Por qué sucede esto? Por lo general, y a pesar de que el ascendente forme parte de nosotros desde que nacemos, nuestra conciencia no lo internaliza desde el comienzo. Necesitamos la repetición de aquellos eventos, encuentros y aprendizajes que poseen el mismo patrón nuclear, para que comprendamos que es un reflejo de una parte de nosotros mismos.

QUÉDATE CON ESTO

Integrar nuestro ascendente suele implicar un proceso de aprendizaje. Muchas veces empezamos a interiorizarlo gracias a que percibimos sus características en hechos o relaciones que se desarrollan a nuestro alrededor. Digamos que su manifestación se presenta como un conjunto de experiencias externas que, sin saberlo, escribimos desde nuestro interior.

A continuación veremos una pequeña síntesis de cada uno de los signos. En el presente capítulo y el siguiente, iremos de la mano durante la travesía en la que nos embarca cada uno de ellos.

LOS ASCENDENTES AL DETALLE (PARTE I)

Ascendente en Aries

¿Recuerdas cuando leíste sobre Aries en los arquetipos? El fuego distintivo de los inicios, el impulso para afrontar nuevos retos. Todo lo que Aries representa es lo que las personas con este ascendente quieren ver a su alrededor. Es habitual que se rodeen de gente con una gran personalidad, que encarnen el arquetipo de independencia y posean un gran espíritu emprendedor. **Suelen sentirse atraídas por quienes se animan a tomar riesgos y tienen un caudal de energía tan grande que parece que se lleven el mundo por delante.**

Sin embargo, estos mismos personajes pueden producirles a su vez cierto contraste interno. Una especie de atracción indescriptible combinada con un extraño rechazo. ¿Por qué se produce esto? Si les sobreviene esta mezcla de emociones tan sentidas y confusas hacia algo inofensivo, suele deberse a que toca algo latente en su interior, algo que aún no han reconocido dentro de sí mismos. Podrían percibir estas personalidades como una amenaza, pero solo mientras no sean capaces de ver en ellas las cualidades que ellos mismos también poseen. Cuando se ven reflejados a sí mismos en esas características, dejan de sentirse apabullados por tanto fuego. Comprenden que ellos también poseen esa inmensa chispa y toman posesión de su energía.

Las vivencias que atraviesan las personas con ascendente en Aries están marcadas por la posición de Marte, que es el regente de este signo. **No todos los que tienen este ascendente vibran con la misma estructura energética.** Esto hace que los escenarios en los que aprenden a integrar su fuerza sean variables.

¿Sabías que...?

Hagamos un pequeño repaso de los signos y sus regentes, ¿te parece? En el capítulo 2, el de los arquetipos, hemos visto que cada uno de ellos tiene un planeta regente, a veces dos si tenemos en cuenta el antiguo y el moderno. Esto hace que la relación entre ese signo y ese planeta sea especialmente significativa. Observa dónde está posicionado tu planeta regente en tu carta y presta especial atención a sus tránsitos.

¿Lo vemos con un ejemplo?

Es muy probable que una persona con el ascendente en Aries y con Marte en Cáncer tenga que incorporar la potencia ariana debido a eventos familiares o emocionales que la obliguen a tomar ese rol de ímpetu y fortaleza. Debe hacerse cargo y dar frente a la batalla que se le presente. Sin embargo, es posible que otra persona con el mismo ascendente pero con Marte en Virgo deba conectarse con la estructura energética de Aries para mejorar la salud o al sentirse obligada por el movimiento y desafío constante que le presenta su rutina.

Una vez que la energía ariana está plenamente reconocida conscientemente, las personas bajo este signo comienzan a ver que **sus reacciones tienden a estar basadas en lo inmediato y pueden pulir sus impulsos con mayor cuidado.** Se presentan de forma asertiva y se enfocan en el hacer. Además, dejan de estar cómodas en la pasividad, que llega a desesperarles, así que reconocen su poder de acción y la propia capacidad de liderazgo. La independencia pasa a ser una columna fundamental de su identidad y poco a poco van perdiendo el miedo a esas pequeñas batallas del día a día. Dejan de esconderse en los momentos de confrontación y reconocen su fortaleza interna. Son directos y francos.

123

¿Cuál es su aprendizaje pendiente?

El aprendizaje de quien posea este ascendente tiene que ver con el reconocimiento interno de la propia capacidad de actuar, de ir por aquello que desea. Consiste en dejar de sentarse a ver la vida pasar, fluir con lo que le vaya planteando el exterior, y atreverse a abrir sus propios caminos.

Ascendente en Tauro

Las personas que entran en el mundo con este ascendente van a estar rodeadas, en sus primeros años, de situaciones y personas que les ayuden a conectar con el placer que ofrece el mundo físico. La naturaleza, el dinero, la comida y el disfrute son temas fundamentales para ellas. **Su presencia es tranquila pero extremadamente sólida.**

Esta conexión con los placeres físicos también puede tener aristas. Suele llegar en su recorrido un momento en el cual hay algún conflicto con el cuerpo o la comida que los lleva a aprender a alimentarse más conscientemente, escuchar mejor lo que les piden su apetito y sus ciclos físicos.

QUÉDATE CON ESTO

Algo parecido a lo que les sucede con la comida puede ocurrirles con el dinero. Cuando observes que alguien con este ascendente atraviesa algún problema económico, le ayudarás si le incentivas a conectarse con su creatividad. Permitirle ver que también puede llegar a transformarla en una fuente de ingresos. Eso sí, renuncia a insistirle o presionar demasiado. ¡Son muy tercos, cuando se trata de marcar sus ritmos! Los cambios se dan a su tiempo.

Parte de su cometido es sacar provecho de aquello que les sale naturalmente bien; vinieron a construir desde el disfrute y la calma, no desde la presión o el sacrificio total. La perseverancia siempre les permite llegar al destino visualizado, por eso saben que los deseos llegan; sin embargo, para ellos lo más importante se encuentra en el proceso, en aprovechar la magia y los regalos que les ofrece el viaje, en conectarse con la delicia escondida en lo simple. Mientras que a otras personas puede parecerles insignificante, quienes tienen este ascendente valoran rodearse de ambientes y detalles visualmente atractivos. Un entorno estéticamente bello los ayuda a asimilar este aprendizaje.

Construir estabilidad, desde una interpretación personal de la palabra, es una prioridad a lo largo de su recorrido. **Valoran la calidad por encima de la cantidad y, en todos los aspectos de la vida, dedican sus habilidades únicamente a lo que ven factible a largo plazo.**

¿Cuál es su aprendizaje pendiente?

Comprender los tiempos de la vida es fundamental para estas personas. Deben asimilar que las cosas tienen un ritmo y que lo único que produce la impaciencia es un bloqueo del fluir natural de las cosas. Respetar el proceso, saber disfrutar de cada una de sus temporadas.

Ascendente en Géminis

¿Temas principales de su vida? Hablar, escribir, aprender, comunicar y aceptar las dos caras de la vida, integrar la ambigüedad como parte de la naturaleza humana y la sucesión de acontecimientos. La invariabilidad no existe en la energía de Géminis y, por lo tanto, tampoco en su recorrido.

Para quien nació bajo este ascendente, nada es estático. Todo lo que está vivo en este mundo se encuentra en constante movimiento y cambio, una premisa que se convertirá en un pilar fundamental en la trayectoria de estas personas. Por tanto, es muy usual que desde una edad temprana experimenten escenarios movidos, rodeados de personajes un poco cambiantes.

Adoran aprender. Saber. Explorar. Probar. Charlar con personas de todo el mundo con miradas y experiencias completamente diversas. Se nutren muchísimo de ello. Además, su carisma y elocuencia les permiten entrar, sin esfuerzo, en el mundo interior de quien sea. Tienen una capacidad especial para hacer que el otro se abra y cuente su historia personal, aunque esto no implica que vayan a formar un vínculo profundo con esa persona, a menos que, por alguna razón, les inspire una gran admiración.

¿Sabías que...?

Para una persona con este ascendente, el humor es un arma infalible desde siempre. Sin embargo, con el paso de los años, este se va afinando y perfeccionando aún más. La madurez se acompaña de un brillante manejo de las palabras y la oratoria, y de un impecable uso del sarcasmo.

Las personas con el ascendente en Géminis tienen Tauro en su Casa XII, por lo que suelen presentar cierta resistencia al movimiento, el cual, sin embargo, es un patrón constante en su vida. Con la suma de experiencias, aprenderán a navegar mejor en la inquietud y el dinamismo, comenzarán a reconocer el aburrimiento que les produce la ilusión de control, lo previsible. Hasta que no lo reconozcan en su propia energía, seguirán proyectando esas características en los demás. Por lo general, la relación con sus hermanos será importante —si no fundamental— en este camino.

¿Cuál es su aprendizaje pendiente?

Sin duda, necesitan hacer las paces con la insatisfacción. Saber que es parte de la vida. El deseo es el motor de nuestra existencia y en parte se encuentra estimulado por la sensación de que algo falta. Son más felices cuando hacen las paces con esa sensación y entienden que es entonces cuando surge ese gusanillo que los impulsa a moverse, cambiar, explorar otros rumbos o conocer nuevas personas.

Ascendente en Cáncer

Para quienes nacieron con este ascendente, **las raíces, la familia, el hogar y la relación con el linaje femenino impactan y moldean su personalidad y la perspectiva que poseen del universo que los rodea.** Las raíces y el pasado habitan profundamente en su corazón y forman parte de su día a día.

Son personas emotivas, que absorben la energía del entorno, aunque muchas veces ni se percaten de ello. Todos percibimos cambios en las distintas fases lunares, pero ellos son especialmente sensibles a sus ciclos, ya que están regidas por la Luna.

QUÉDATE  CON ESTO

¿Te encuentras entre las personas que describimos?
Te recomiendo crear una suerte de diario lunar.
Cada día, durante unos meses, escribe cómo te sientes
y toma nota de la fase y el signo en que está la Luna.
Te aseguro que descubrirás ciertos patrones que se repiten,
tal como sucede con los ciclos lunares, y entenderás mejor
tus procesos internos. Así conseguirás comprenderte y
preparar una rutina que te haga más ameno el camino.

En los primeros años de vida, cuando algo les molesta o les duele, su primer instinto suele ser cerrarse por completo. Actuar de forma reactiva. Recuerda que, aunque el ascendente está siempre latente, existe un camino de aprendizaje para la persona, y por eso la sensibilidad propia de Cáncer no tiene por qué mostrarse desde la infancia.

Con trabajo interno, poco a poco aprenden a verbalizar lo que realmente les sucede y dejan de esconder su vulnerabilidad. Hacen las paces con sus emociones y aceptan que en esa suavidad e intuición tan profunda que poseen yacen la mayoría de sus regalos. También se reconcilian con el deseo inmenso de cuidar y nutrir a los otros, dejan atrás el miedo a mostrarse, a abrirse y a dar. Encuentran plenitud y su propósito en cuidar de otros, ya sean animales o personas.

Cualquier actividad que posea un tinte creativo cae como anillo al dedo a quienes tienen el ascendente en Cáncer. Dedicarse a algo libre y creativo les permite canalizar a través de la belleza todo lo que sucede en su mundo emocional.

¿Cuál es su aprendizaje pendiente?

Aquí, la enseñanza está en conectar con la capacidad de sentir. Suelen pelearse durante mucho tiempo con su enorme caudal de emociones e incluso se resisten a ellas a toda costa. Esto drena completamente su energía y bloquea su magia, y la única forma de resurgir es aceptando el propio potencial emocional y la enorme sensibilidad.

Ascendente en Leo

¿Te acuerdas de Leo, el león, noble, potente y generoso? Es un signo de coraje y corazón, por eso quizá te extrañe saber que, en la primera etapa de su vida, las personas con este ascendente se pueden mostrar tímidas y llegan a evitar a toda costa las miradas ajenas. Sufren un terror extremo al rechazo y a no sentir que forman parte. Nos ha sucedido a todos, pero especialmente quien nació bajo este signo necesita interiorizar que la única forma de sentirnos cómodos es dejar de ponernos filtros para encajar. Tan solo tenemos que permitirnos ser. **Quien tiene el ascendente en Leo debe interiorizar que él mismo es su propio Sol.**

Hasta que no logran ver todo lo que son, tienden a idealizar a otras personas; fruto de la propia inseguridad, las ponen en un pedestal ficticio e inalcanzable, al que creen que ellos nunca podrán llegar. Por suerte, con los años, los diferentes recorridos por los que el tiempo los lleva les enseñan a percibir la propia luz en todo su esplendor.

Un proceso esencial que atraviesan es el de aceptar el disfrute que les genera el hecho de cautivar la atención de los demás. Muchas veces, este deseo se encuentra oculto o sublimado, latente, pero siempre está ahí. Lo paradójico es que no importa cuánto esfuerzo pongan en pasar desapercibidos; por alguna razón, siempre acaban destacando o haciéndose ver.

¿Tienes algún ser querido con este ascendente y quieres saber si está en sintonía con su energía? Cuando esté conectado con la abundancia interna, lo verás en su versión más generosa, eternamente enamorada de la vida. Seguirá sus corazonadas y te recibirá siempre con los brazos abiertos y una deslumbrante sonrisa.

¿Cuál es su aprendizaje pendiente?

¿Qué han venido a aprender quienes han nacido con este ascendente? Principalmente, a expresarse auténticamente, apreciar la propia luz y permitirse brillar. Su tarea es explorar todos los dones que yacen en su interior y llevarlos a la superficie, compartirlos con el mundo. Su destino es llegar a ese punto donde pueden mostrarse tal como son, sin estar pendientes de la opinión de los demás.

Ascendente en Virgo

Sabrás que estás ante la presencia de una persona con el ascendente en Virgo que aprendió a sentirse cómoda en la propia piel —literal y figurativamente hablando—, porque irradia un aire de silenciosa calma. Pero el camino que los lleva a respetar los tiempos de su cuerpo y sus ciclos energéticos no suele ser simple ni rápido. Si bien se encuentran naturalmente conectados con su organismo, en demasiadas ocasiones el perfeccionismo extremo y la constante crítica interna amenazan con boicotearles el bienestar. Con este ascendente suelen presentarse varios episodios a lo largo de la vida —especialmente al ir creciendo— en que la persona tiene que aprender a utilizar con mayor eficacia sus recursos con el objetivo de cuidarse mejor y de cumplir sus deseos a largo plazo. Dependiendo del resto de su carta, algunas personas alcanzan con más facilidad el sentido del orden y del detalle —que van de la mano de este ascendente—, mientras que a otros les llevará más tiempo comenzar a hacerse cargo de dichas cualidades.

¿Sabías que...?

Algo espectacular de las personas con este ascendente es que, una vez que lo integran, son capaces de resolver como nadie situaciones de crisis. Si bien la organización es un talento que pueden tardar en pulir, cuando lo logran se vuelven cuasi expertos en el campo, lo que les permite mover y acomodar las piezas con una precisión impresionante. Si te fijas, descubrirás que gran parte de su talento para la organización pasa por su atención al detalle.

El poder crítico y analítico es tan profundo en ellos que poseen una brillantez impecable. La toma de conciencia de su gran poder interno los hace humildes y, más allá de los logros que puedan obtener, siempre tenderán a la modestia. **Especialmente con los años, adquieren una necesidad de asistir al otro.** Es muy común que asuman roles marcados por la posibilidad de ayudar o ver que dan una mano a quienes los necesiten en su vida privada.

¿Cuál es su aprendizaje pendiente?

Suelen exigirse más de la cuenta y luego pagar las consecuencias con agotamiento físico y mental. Cuando las personas que tienen este ascendente no se comprometen a cortar con las demandas internas constantes y a hablarse con más dulzura, es usual que su cuerpo lo exprese enfermando con frecuencia. Comprender la importancia de tratarse con cariño es un aprendizaje del que no pueden escapar.

LOS ASCENDENTES AL DETALLE
(PARTE II)

Ascendente en Libra

Voy a pedirte que cierres un momento los ojos y pienses en las personas que conforman tu día a día. Tus amigos. Tus padres. Tus hermanos. Tu pareja. Y aquellos compañeros que ya no están, pero con los que has compartido de la mano algunos tramos del camino. ¿Eres capaz de imaginar tu vida si ellos no formaran parte de tu relato? ¿Crees que algo en tu existencia permanecería igual si estas personas no estuvieran a tu lado? Si para cualquiera de nosotros, las relaciones interpersonales juegan un papel fundamental en nuestra vida, para las personas con el ascendente en Libra cumplen un rol aún más esencial. **Ese mágico intercambio energético que se produce al relacionarse con otro les trae aprendizajes clave para su recorrido personal.**

Estas personas vienen a comprender el gran poder que existe en el vínculo. Comprender que juntos se llega más lejos y se disfruta más del camino.

Es habitual que, en la primera etapa de la vida, quien haya nacido con el ascendente en Libra se muestre extremadamente independiente y le cueste negociar el punto medio para llegar a un acuerdo con el otro. ¡Recuerda que el ascendente se muestra como aprendizaje! Mientras aprenden a renegociar el punto medio, atraen constantemente a personas que irradian carisma, ya que los nacidos con este ascendente son conciliadores natos y se mueven con facilidad en situaciones sociales.

Por supuesto, más adelante comprenden que aquello que tanto les llama la atención son cualidades que ellos mismos guardan latentes y sumamente desarrolladas en su interior. Paso a paso, con la experiencia de los años, van adquiriendo un conocimiento vincular muy delicado e intuitivo. ¿Alguna vez te has sentido hechizado por los encantos de una persona bajo este signo? Nadie habría podido resistirse. **Incluso logran que las personas reacias a abrirse se sientan cómodas en su presencia y se muestren sin miedo.**

A quienes tienen este ascendente también es muy común que se les presenten situaciones en las que deban actuar de mediador. **Ser el punto medio que intenta equilibrar dos costados** o acercar dos ángulos que en la superficie solo parecen equidistantes.

¿Cuál es su aprendizaje pendiente?

Su vida está marcada por las relaciones, pero dentro de este panorama nunca deben olvidar la que tienen consigo mismos. Cuidar de sí mismos se les suele escapar. De tanto sostener manos ajenas, se les escapa lo importante que es convertirse en el propio compañero. Para dar, primero debes tenerte. Para cuidar, primero debes cuidarte

Ascendente en Escorpio

Algo magnético e imponente envuelve a las personas que nacieron con este ascendente. No hace falta que digan una sola palabra para que se note su presencia. No importa cuánto intenten esconderse o pasar desapercibidos, su energía se siente. Eso sí, es difícil que se abran con facilidad. Necesitan confiar mucho en quienes los rodean para bajar sus defensas.

En la primera etapa de la vida, pueden mostrarse más tímidos, retraídos en el mundo propio, ya que la energía que traen es mucha y no resulta fácil adueñarse de ese caudal. **Con el tiempo, la vida los va llevando a exteriorizar toda la fuerza interna que los caracteriza,** a veces porque les toca apoyar a otros que están pasando por situaciones complejas, y otras debido a los desafíos mismos de su camino.

Aprenden sobre las distintas caras de la moneda desde una edad temprana. Se nutren de situaciones que les suceden a nivel personal, pero también de aquello que acontece a su alrededor. Unen los eventos pasados, presentes y —posiblemente— futuros para comprender el mapa en toda su complejidad. Cuando quieren, son los mejores detectives.

QUÉDATE  CON ESTO

El ascendente en Escorpio lo percibe absolutamente todo.
Puede que no diga nada o que tarde en aceptar lo que está
intuyendo, pero estate seguro de que dentro suyo
ya está procesando cada recorte de la historia.

No quiero dejar de mencionar que el ascendente en Escorpio trae un aprendizaje esencial, el de comprender que la transformación es inherente a la existencia. **La resistencia al cambio impide el crecimiento y el fluir natural de las cosas,** mientras que abrazar las metamorfosis que nos plantean las transiciones implica conectarse directamente con la fuente de la vida.

En algún momento de la vida, todas las personas con este ascendente pasan por un proceso profundo que los lleva a comprender la infinidad de su poder interno. Sin embargo, es importante tener en cuenta que únicamente se llega a este punto al dejar de lado el deseo extremo de perfección y zambulléndose sin miedo en su interior.

La oscuridad no existe, es tan solo falta de luz. Al reconocer, iluminamos. Al iluminar, transformamos. Al transformar, sanamos. Y al sanar, logramos sanar a otros también.

¿Cuál es su aprendizaje pendiente?

Deben adueñarse de su poder interno. Aceptar todas las maravillas que acompañan su intensidad. Aprender a amar la potencia interna que los hace mover montañas. Y, por fin, dejar de ocultar su ser.

Ascendente en Sagitario

Arquetípicamente, como concepto, **Sagitario vino al mundo a explorar.** Podríamos definirlo como «el viajero eterno», pero su esencia va más allá de un alma inquieta y trotamundos. Cuando me refiero a un viajero, no te imagines solo un pasaporte lleno de sellos, aunque este también suele resultar de sus sueños cumplidos. Piensa más bien en el viaje como un sinónimo de la vida y en el camino como un descubrimiento constante de todos sus rincones y secretos.

Las personas con el ascendente en Sagitario se ven fascinadas por gurús o maestros que comparten con ellas historias de vivencias propias y ajenas a modo de enseñanza. Como todo, esta energía madura les enseña, con el tiempo y la experiencia, a escribir un relato propio y dejar de intentar encontrar su ruta utilizando mapas ajenos. **Se convierten en sus propios profesores, comprenden que lo único real es la propia verdad y que la sabiduría está en la simplificación.**

¿Sabías que...?

Adoran tanto el conocimiento que muchas veces los ciega. Creen en todo aquel que proclame tener una verdad universal o conozca detalles de lo que trae el futuro próximo. Tienen que cuidarse de los dogmas, ya que, en lugar de brindarles esas ansiadas respuestas, terminan limitando sus horizontes.

Su relación con el conocimiento es tan estrecha que los podemos ver trabajando en puestos relacionados con la instrucción o la guía de otros, también en ámbitos educativos. **En pocas palabras, su recorrido está en aprender, enseñar y conocer.**

¿Cuál es su aprendizaje pendiente?

El deseo de libertad es profundo para quienes nacieron con el ascendente en Sagitario. Van. Vienen. Prueban. Se cansan. Buscan constantemente algo que les haga sentir libres. Este proceso es muy importante, porque les permite deleitarse con todas las posibilidades que existen y los ayudan a conocerse. Sin embargo, frente a esa ansiada sensación de liberación que proviene de lo más profundo de su ser, el aprendizaje está en descubrir que la puerta de la libertad se abre hacia adentro.

Ascendente en Capricornio

Desde los primeros años de vida, las personas con este ascendente suelen tener un gran sentido de la responsabilidad. A veces lo crean las demandas del entorno, otras se debe a la propia percepción de lo que se espera de ellos. Es habitual verlos en puestos de trabajo o en escenarios personales que impliquen encargarse de una situación o persona.

Puede que al principio les cueste ponerse en sintonía con todo aquello que requiere compromiso y disciplina de su parte, especialmente cuando sienten que ese esfuerzo les produce cierta restricción. Seguro que a ti tampoco te resulta siempre fácil adaptarte a algunas reglas, fechas o modos de hacer que no habrías elegido, ¿verdad? Tarde o temprano, cuando empiezan a ver los frutos de su trabajo y las maravillas que les trae como regalo la constancia, eso cambia. Se produce una profunda comprensión a nivel matriz, entonces dejan de asociar la estructura con una limitación de su libertad y comienzan a verla como una herramienta necesaria para sus proyectos en el mundo material.

QUÉDATE CON ESTO

Las obligaciones, los compromisos y los detalles aburridos son parte de cualquier proceso, pero, cuando se disfruta de lo que se hace, dejan de pesar tanto. Si tú también los ves como pesadas imposiciones, te aconsejo que hagas el ejercicio de asociarlos con las metas por las que estás peleando. Si, en lugar de obligaciones, pasas a verlos como herramientas para cumplir tus sueños, te sentirás menos reprimido y más cerca de tus objetivos.

El trabajo, en el sentido más amplio de la palabra, tiene un papel importante para las personas con el ascendente en Capricornio. Encontrar un camino que esté marcado por el propio deseo y no por lo que les fue impuesto se convierte en algo esencial para ellas.

Una vez que las características de este signo son asimiladas por la persona, la capacidad de manifestación es enorme. Comprenden a un nivel muy profundo que pueden confiar y apoyarse con total seguridad en sí mismos, que poseen todo lo necesario para mantenerse en su carril, sobrellevar las vicisitudes y cumplir sus metas.

Ascendente en Acuario

Ya hemos visto diez de los doce ascendentes y seguro que no necesitas que te repita eso tan fundamental de que el ascendente tiene mucho que ver con el camino por donde nos lleva la vida. Hemos visto que, aunque las características que rodean su energía siempre están presentes, es a medida que sumamos tiempo y experiencias cuando solemos apropiarnos de ellas. Para quienes han nacido bajo el signo de Acuario, este camino vital es especialmente relevante.

QUÉDATE CON ESTO

Si tienes un ser querido con ascendente Acuario y crees que lo está pasando mal, te vendrá bien saber que puedes hacer mucho para ayudarlo. Las actividades grupales o con un trasfondo social son muy positivas para estas personas, porque las ayudan a calmar ese existencialismo que a veces se filtra como ansiedad. ¿Hay algún proyecto en el que podáis embarcaros juntos?, ¿un propósito común que defender? Estas personas encuentran un gran sentido de dirección y propósito en aquello que vaya más allá de sí mismos.

¿Conoces a alguien con este ascendente que esté afrontando los primeros años de su vida? Seguramente lo veas extremadamente enfocado en cumplir con sus responsabilidades, persiguiendo a toda costa una idea de éxito que ha absorbido del entorno. Esta fase del camino puede durar más o menos, según la resistencia interna que presente, pero el quiebre es inevitable. Llega un punto en que la necesidad de romper con esa estructura preestablecida se vuelve incontestable. Algo interno da la vuelta y la persona deja de esforzarse por encajar en moldes ajenos. **Comprende que es imposible encontrar su dicha personal utilizando la receta de alguien más.**

En ese momento, la persona con el ascendente en Acuario prepara las maletas metafóricas y emprende nuevos caminos. Finalmente deja de proyectar su genialidad en los demás. El arte de este ascendente se encuentra en utilizar la vida como lienzo para dejar fluir su inventiva y abrirse a la novedad que le traen sus vanguardistas ideas. Encuentran la magia en el recorrido al pintarlo con sus propios colores. ¿Una curiosidad? Es muy común que, en ese camino, se encuentren con personajes excéntricos, cuya existencia les muestra la maravilla de romper con los prejuicios y abrazar todo lo que somos.

¿Cuál es su aprendizaje pendiente?

¿Cuál es la lección que tiñe por completo el recorrido de quienes tienen el ascendente en Acuario? Comprender que no vinieron a seguir las reglas preestablecidas ni a cumplir con metas diseñadas por otros. Vinieron a encontrar la dicha en ese maravilloso camino que únicamente ellos pueden diseñar y delimitar.

141

Ascendente en Piscis

Como siempre que nos topamos con la energía de Piscis, encontramos la dificultad de describir sus características siguiendo un recorrido analítico. Por suerte para nosotros, a medida que avanzas en este libro también tú aprendes a dejar de lado lo que es puramente analítico y a abrazar la sabiduría del sentir. La conexión con lo intangible es, precisamente, fundamental para estas personas. **Los eventos que acaban siendo más relevantes a lo largo de su existencia son aquellos que los conectan con el universo que se encuentra más allá de lo material.**

Las personas con ascendente en Piscis poseen una permeabilidad indescriptible, ya que en este signo desaparecen los límites. Sin siquiera notarlo, se comportan como esponjas y absorben todo lo que sucede a su alrededor.

QUÉDATE  CON ESTO

La mejor forma de definir esa refinada sensibilidad que poseen las personas con el ascendente en Piscis es imaginarnos su aura como una antena, constantemente captando ondas electromagnéticas cargadas de información.

Cuando todavía no están conectados con la sabiduría de la intuición, se escapan a toda costa del sentir. Igual que cuando recibimos malas noticias, podemos tender a querer mantenemos ocupados porque no nos atrevemos a dejar que la mente las asuma, quienes nacieron bajo este signo pueden optar por distraerse a sí mismos para no afrontar todo lo que sucede en su interior. A veces lo hacen mediante una absoluta rigidez racional y analítica, perdiéndose en los laberintos de su mente, que busca entender el mínimo detalle que los rodea. Otras recurren a cualquier tipo de actividad que les permita evadirse de su ser y de su sentir, una cortina de actividad tras la que esconder el potencial intuitivo.

Cuanto más se alejan de su centro, más caótico se vuelven su interior y el exterior. **Su misión es conectarse con la energía de Piscis, y eso implica darse espacio para sentir.** Todas las prácticas que los conecten con el cuerpo y su mundo interior les caen como anillo al dedo; frenan su mente y dan lugar a que aflore todo lo demás. Puede que pasen años hasta que dejen de temer el silencio profundo que se necesita para escucharse, pero, cuanto antes lo logren, antes disfrutarán de todo lo que ofrecen sus dones.

Cuando están en sintonía, los rodea una apertura de esa calma que proviene de estar conscientes y presentes en cuerpo y, sin darse cuenta, ayudan a otros a emprender ese viaje tan preciado de vuelta a su fuente. **Todo lo que necesitan yace en su interior.**

¿Cuál es su aprendizaje pendiente?

Un aprendizaje fundamental es el de bucear en su mundo interior y espiritual con devoción, hasta comprender cómo proteger y regenerar la propia energía. Por lo general, lo consiguen dándose aquello que tanto necesitan y permitiéndose ese tiempo tan preciado y un espacio aparte.

CONECTADOS A TRAVÉS DEL ASCENDENTE

¿Cómo te has sentido al leer sobre tu ascendente? ¿Han quedado dando vueltas por tu mente algunas de las palabras que leíste? Ahora que hemos explorado las características de cada uno de ellos, toca lo más divertido: poner en práctica lo aprendido. La astrología traspasa la abstracción del conocimiento puramente teórico, se expresa en la vida a través de los escenarios que se nos van presentando. ¿Logras ver cómo la energía que acompaña tu ascendente se está desplegando constantemente en tu recorrido?

_____

_____

_____

_____

Repasa tu carta, ahora teniendo como norte la energía de tu ascendente y la posición del planeta que lo rige. Al observar tu vida con calma y perspectiva, ¿cuáles crees que son tus regalos más preciados? ¿Y tus aprendizajes más profundos?

_____

_____

_____

_____

Cuando se trata de aprender a navegar los espirales en los que a veces nos envuelven los diferentes procesos del tiempo, algo que me ha ayudado un sinfín de ocasiones es sentarme a charlar con alguien mayor que posea ese mismo signo ascendente que tengo yo o el que esté queriendo explorar. Alguien que ya haya caminado ese recorrido cuyo norte estoy intentando explorar. ¿Por qué esta experiencia resulta tan rica y transformadora? Escuchar experiencias ajenas con atención nos permite explorar cada escena de la película de la mano del protagonista. Si bien hay vivencias que son intransferibles, hay acertijos cuyos giros se vuelven más simples si ya los hemos observado anteriormente.

Escuchar sus experiencias, sentir sus pasos y observar las semillas que han sabido sembrar te teletransporta a esa energía. Logras hacer piel ese ascendente, esa perspectiva energética con la que la persona se ha ido conectando y encontrando a lo largo del tiempo.

Busca a alguien que tenga tu signo ascendente. Pregúntale todo aquello que vive dando vueltas por tu mente. Comparte tu historia; oye la suya. Luego, utiliza estos renglones para anotar las conclusiones, anécdotas y enseñanzas que has sacado. Y recuerda siempre: la vida y sus encuentros son nuestros mayores maestros.

LOS PLANETAS INTERIORES

¿DE QUÉ PLANETA VIENES?

Primero, lo primero. En cualquier camino debe haber pausas y descansos y, en el nuestro, este el momento perfecto para que nos sentemos a repasar lo que hemos visto juntos. ¿Cómo te sientes? ¿Notas que se ha reforzado tu conexión con el universo inmaterial? ¿Has hecho el ejercicio de mirarte bajo esta nueva lupa que estás descubriendo? No te preocupes si a ratos te sientes intimidado o emocionado; el autodescubrimiento tiene muchas etapas y nos obliga a seguir sus ritmos.

Antes de continuar, hagamos una pequeña recapitulación del recorrido astrológico que hemos hecho juntos a través de los diversos segmentos. Hemos empezado con un pantallazo general del zodiaco, en el que hemos ido desde el inicio del año astrológico —con la entrada del Sol en Aries— hasta el final del ciclo —con el paso del Sol por Piscis—. Luego hemos entrado un poco más en detalle y hemos explorado el núcleo energético que compone, rodea y constituye cada uno de los signos. Hemos visto los distintos aspectos de la carta astral y continuado con la descripción de lo que representa el Sol y su expresión en cada uno de los signos. ¿Te has sentido identificado con la descripción de tu signo solar?

Del Sol hemos pasado a la Luna. Hemos desvelado los misterios de sus rincones y descubierto los tesoros que trae según la posición en la que se encuentre. Por último, nos hemos adentrado en la historia que nos ofrece cada uno de los ascendentes y los aprendizajes a los

147

que nos conducen. Ahora se nos presenta un nuevo capítulo en esta serie, en el que indagaremos otros de los elementos que consideramos esenciales dentro de nuestra carta astral.

¿Recuerdas cuando éramos pequeños y en la escuela nos hacían estudiar la posición de los planetas? Tengo todavía fresca en la memoria la construcción, junto a mis compañeros de curso, de esas maquetas con globos de corcho para poder observar sus características, tamaños y las respectivas distancias en relación al Sol. Me gustaría que en las páginas que siguen hiciéramos algo parecido y construyésemos juntos una representación de los astros. Pero esta vez no nos quedaremos únicamente en su descripción y el emplazamiento, sino que nos enfocaremos en el papel que juegan en nuestra carta astral y, por consiguiente, en nuestra biografía y en los aspectos que conforman nuestra realidad.

Ocho planetas componen nuestro sistema solar. **Mercurio** es el más cercano al Sol, seguido por **Venus, la Tierra y Marte.** Tras ellos nos cruzaremos con **Júpiter, Saturno, Urano y Neptuno.** A continuación se encuentra **Plutón,** al que no consideramos planeta desde que, en el 2006, pasó a ser denominado «planeta enano» porque no cumplía con algunos de los requisitos del resto de cuerpos celestes. Sin embargo, debemos destacar que, astrológicamente hablando, su energía es una de las más potentes, transformadoras y magnéticas.

¿Sabías que...?

En el capítulo 2 hemos visto que, según su representación astrológica, los planetas se dividen en personales, sociales y transpersonales. Sin embargo, esta no es la única clasificación que se utiliza. Otra categorización responde a planetas interiores y planetas exteriores. Los interiores abarcan desde Mercurio a Marte, mientras que los exteriores van desde Júpiter a Neptuno.

MERCURIO: VIVIR EN EL MUNDO DE LAS IDEAS

Mercurio nos habla de todo lo relacionado con el universo de la mente, las ideas y los pensamientos. Describe la forma en la que nos comunicamos y la manera en la que expresamos aquello que sentimos, pensamos o creemos. Nos muestra el modo que tenemos de procesar la información que se nos presenta, desde lo más simple hasta lo más complejo.

Desde el análisis que hacemos antes de tomar una decisión hasta la conversación que tenemos por teléfono con nuestros amigos para ponernos al día de lo que sucede en nuestras vidas; **si hay un proceso mental involucrado, es de nuestro Mercurio, del que estamos hablando.**

QUÉDATE CON ESTO

Al estudiar nuestro Mercurio natal —qué posición ocupa en nuestra carta— por casa, signo y aspectos, comprenderemos en detalle nuestro estilo personal a la hora de hablar, entender y escribir.

Saber dónde está ubicado Mercurio en nuestra carta astral nos permite conocer con mayor precisión qué puntos podríamos pulir para mejorar el estilo y la efectividad de nuestra comunicación. También nos muestra las características susceptibles de ayudarnos a encontrar un camino laboral en sintonía con las aptitudes propias que más destacan.

¿Lo vemos con un ejemplo?

Una de mis mejores amigas, Cata, nació con Mercurio en Capricornio en la Casa VIII. Es especialista en investigar, indagar y resolver. Averigua incluso lo que parecía indescifrable y siempre lo hace a la perfección. ¿Cómo? Bueno, la Casa VIII es la casa de los misterios, de aquello que yace oculto y nos invita a profundizar; y eso, seguramente, despierta en su interior un gran aire detectivesco. Frente a un nuevo panorama, hará todo lo posible para comprender cada detalle, explícito u oculto. Su Mercurio, al encontrarse en Capricornio, hace que su manera de recolectar información sea metódica y estructurada y que realice la tarea con constancia. Una vez que obtiene los datos necesarios, los ordena e intenta encontrar patrones en común para, luego —tal vez después de mucho análisis—, llegar a una conclusión.

Cuando se trata de comunicarse, puede que muchas veces suene un poco enigmática, aunque no lo haga conscientemente. Su Mercurio en la Casa VIII le aporta ese tinte de reserva e intriga. ¡Ojo! Eso no significa que tergiverse la información que comparte; al contrario, su honestidad es tremenda. Pero no mostrará ante cualquiera a viva voz lo que siente y piensa. Cuida muy bien cuándo, dónde y con quién se abre.

En cambio, otra de mis amigas más cercanas, Juli, tiene Mercurio en la Casa III y en Aries. Sus procesos mentales son totalmente distintos a los de Cata. Ella lo analiza todo con mucho menos detalle pero con muchísima más rapidez. Toma decisiones casi instantáneas y habla sin problema ni filtros sobre todo lo que le pasa por la cabeza. Se le escapan los detalles, pero la salva su capacidad de dar siempre una respuesta veloz. Es una excelente comunicadora, las palabras le salen con facilidad y nunca le falta tema de conversación.

Como en todos los aspectos de la vida, ambas posiciones tienen fortalezas y vienen con regalos. Ninguna es mejor o peor, tal división no existe en la astrología. Al menos, no en la manera en que me gusta trabajarla. Solo son dos formas distintas de expresarse. Las diferencias son, precisamente, lo que hace a cada uno de nosotros tan único y especial.

Conocernos es extremadamente importante. Explorarnos con dedicación en todos los aspectos de la existencia debería ser una tarea obligatoria. Tomarnos el tiempo para aprender acerca de nosotros mismos es la mejor inversión que podemos hacer.

El conocimiento que nos brinda la astrología es una de las cosas que tanto me enamoran de su estudio. Nos proporciona herramientas maravillosas para dejar de juzgarnos, de compararnos, y nos enseña a festejar nuestra unicidad. Nunca me cansaré de repetirlo: **entender nuestra esencia es la llave para desplegar los propios talentos y comprender qué es eso especial y único que tenemos para aportar en la mesa.**

Eres increíble. No esperes más para apreciar lo maravilloso que habita en tu interior.

Comprender Mercurio retrógrado

No me lo digas: todo el mundo a tu alrededor habla de Mercurio retrógrado. Lo has visto en memes, vídeos virales y comentarios en tus posts y en los de tus amigos. En los últimos años, **Mercurio retrógrado** se ha vuelto un fenómeno muy nombrado, debatido y… malinterpretado. Como hemos comentado anteriormente, no hay que temerle en lo más mínimo. Y lo más efectivo para no tener miedo de algo es atreverse a conocerlo.

¿Qué sucede con Mercurio retrógrado?

Olvida lo que hayas escuchado: este es, más que nada, un **periodo para reflexionar.** Son semanas que el universo nos regala para salir del piloto automático en el que nos colocan nuestras responsabilidades. Es un tiempo para mirar hacia dentro. Para frenar un poco la rapidez de la vida y sentarnos con nuestros pensamientos a reorganizar, cuestionar y reestructurar la narrativa.

En Mercurio retrógrado, en vez de seguir acumulando información, siéntate a evaluar lo que tienes y lo que sucede tanto en el entorno como en tu interior. Utiliza este tiempo para reflexionar, los resultados llegarán a sorprenderte.

¿Qué significa nacer con Mercurio retrógrado?

Mercurio retrógrado se da, aproximadamente, tres veces al año, por lo que una gran parte de la población nació con esta posición en su carta. Sé que muchos lo consideran algo negativo, pero en realidad no es así en absoluto.

Nacer con la presencia de Mercurio retrógrado nos indica que todos los temas relacionados con este planeta tendrán un rol importante en nuestra vida. La comunicación va a ser extremadamente relevante y la experiencia irá enseñando a estas personas a comunicarse de una forma más eficaz, a no quedarse encerrados en sus procesos mentales profundos y a lograr plasmar en palabras lo que realmente piensan. Por momentos sentirán que el otro nunca termina de entender su perspectiva o lo que deseaban expresar, aunque esta sensación va cesando con el paso del tiempo. Nacer con un planeta retrógrado manifiesta que venimos a trabajar y pulir su energía, y eso es exactamente lo que sucede.

Un dato curioso sobre quienes tienen a Mercurio retrógrado en su carta astral es que, cuando deben afrontar asuntos que los tocan de lleno, se encuentran más cómodos al escribir que al hablar. Esto sucede porque, así, sienten que controlan mejor sus expresiones y pueden revisar las palabras con minuciosidad.

Como ayuda para cuando observes tu gráfico, a continuación te explico algunos datos clave sobre Mercurio en cada uno de los signos. No te olvides de tener en cuenta la casa en la que cae (en el capítulo 6 puedes refrescar las implicaciones de cada casa) y los aspectos que recibe, que veremos más adelante.

153

¿Sabes dónde se encuentra tu Mercurio?

Mercurio en Aries

Procesos mentales rápidos, casi automáticos. La toma de decisiones se suele hacer con agilidad, sin dar muchas vueltas a los detalles. Comunicación directa y espontánea. No se sienten cómodos en diálogos que los obligan a reinterpretar cada frase que escuchan. Valoran, ante todo, la honestidad y claridad.

Mercurio en Tauro

Poseen una forma de expresarse bastante dulce y delicada. Por lo general, miden las palabras, salvo que estén muy enfadados. Sus pensamientos son profundos y se toman el tiempo necesario antes de optar por un camino o el otro. Una vez se deciden, son firmes. Hay que tener cuidado con el apego extremo a una idea o narrativa, especialmente con aquellas que no juegan en su favor. Ser más flexibles con las propias perspectivas facilita el recorrido.

Mercurio en Géminis

La comunicación se suele dar con facilidad. Saltan de una idea a otra sin mucho problema o preocupación. Sin embargo, el exceso de cuestionamiento en el que tienden a caer a veces los perjudica, ya que los lleva a dudar constantemente. Acumulan datos sobre temas variados, tienden a saber un poco de cada cosa. Muestran un carisma intrínseco en la forma en la que hablan o escriben. Escuchar sus anécdotas siempre es un placer.

Mercurio en Cáncer

Las personas con Mercurio en Cáncer o que tienen este signo en la Casa III suelen comunicarse desde las emociones, que tiñen su narrativa e influyen en el discurso. Son emotivos a la hora de expresarse y tienden a utilizar mucho la palabra «siento». Hay días en que los podemos encontrar hablando muchísimo, mientras que otros se quedan en completo silencio.

Mercurio en Leo

Hablan con claridad y seguridad e irradian una sensación de confianza ciega en aquello que emiten. El tono agradable que usan imprime convicción en su discurso. Suelen ser cálidos, expresivos y divertidos, especialmente cuando caen un poco en la exageración sin sentido. ¿Estás manteniendo una conversación con ellos? Tienes toda su atención, pero es importante saber que esperan lo mismo de ti.

Mercurio en Virgo

Su orientación hacia el detalle es inigualable. Resuelven problemas ajenos con mucha facilidad, pero cuando se trata de los propios tienden a enredarse en una espiral de pensamientos y a analizar cada recoveco del terreno antes de inclinarse hacia un lado o el otro. ¿Conoces a alguien con Mercurio en Virgo? Recuérdale que ninguna decisión es eterna y que es mejor moverse que quedarse eternamente en el mundo de la mente.

Mercurio en Libra

Si te los cruzas, es muy probable que te abras y hables sin ningún tipo de esfuerzo, aunque no sea esa tu intención. Su carisma verbal puede con todo. Suelen ser diplomáticos a la hora de formular sus oraciones, especialmente cuando están rodeados de personas que no conocen muy bien. Tienen un don para convencer o persuadir a los demás.

El otro posee un rol importante en sus mentes y siempre tienen en cuenta la mirada u opinión ajena, aun cuando no lo hagan conscientemente.

Mercurio en Escorpio

Lo explícito no es lo único que queda resonando en la mente de las personas con Mercurio en este signo. Saben cómo leer tus palabras entre líneas, cómo interpretar tu energía. Si algo les interesa de verdad, aprenden absolutamente todo lo que pueden. Quieren conocer cada recoveco, casi como si estuvieran resolviendo un caso policial.

Sus conversaciones y palabras son profundas, pero no abrirán el mundo de sus propias ideas ante cualquiera.

Mercurio en Sagitario

Tienden a comunicarse con exageración y optimismo. Sus palabras están cargadas de energía, de vida. Les encanta adquirir conocimiento y son curiosos por naturaleza; pero solo si la información se les presenta de forma dinámica, de lo contrario, se aburren en el proceso. Luego, se convertirán en excelentes profesores. Sin embargo, tienen que cuidarse de no caer en una fe ciega que los encierre en su punto de vista.

Mercurio en Capricornio

Las personas que nacieron con Mercurio en esta posición son increíblemente efectivas al organizar la información que obtienen del entorno. Sus procesos cognitivos tienden a ser organizados y tienen una forma metódica de tomar decisiones. Pueden ser muy divertidos gracias al sarcasmo, aunque la mayor parte del tiempo hay cierta seriedad en sus palabras.

Mercurio en Acuario

Las personas con Mercurio en Acuario tienen una forma inusual de procesar el contenido o la información que se les presente. Disfrutan de una capacidad singular de analizar las cosas desde una mirada original y diferente al resto. Sus ideas suelen ser geniales, disruptivas.

¿Hay alguien en tu entorno con Mercurio en este signo? Si te fijas, notarás que siempre tiene un comentario inusual que aportar a cada situación.

Mercurio en Piscis

Su comprensión va más allá de lo racional. Siempre hay una pizca de intuición en aquello que observan, como si pudieran descifrar energéticamente los hechos. Su Mercurio les permite comprender aquello que yace escondido entre líneas.

Se comunican desde las emociones y saben cómo lograr que las charlas sean de corazón a corazón.

VENUS: ALLÍ DONDE SE ENCUENTRA TU DESEO

El planeta del placer, el romance, el dinero, la creatividad y la belleza... ¿Suena interesante? Venus nos habla del deseo y del modo en que nos relacionamos con él, en toda su complejidad. También de aquello que nos hipnotiza y nos entretiene. Explorar nuestro Venus implica tomar conciencia de aquello que inevitablemente nos atrae, en el sentido más amplio de la palabra.

**¿Qué es lo que llama tu atención?
¿Qué cautiva tus sentidos?
Exactamente eso es tu Venus.**

Antes de hablar de las características de Venus en cada signo, trata de encontrarlo en tu carta astral. ¿Ya lo tienes? Seguro que has detectado su posición a simple vista, ya que se encuentra, como mucho, dos signos por delante o por detrás del Sol, nunca más allá.

QUÉDATE CON ESTO

Conectar con nuestro Venus natal es conectarnos con el placer, un principio substancial de la existencia pero que a menudo se nos olvida. Trata de no perder la capacidad de observar el entorno con los sentidos, además de hacerlo con la mente: disfruta del olor a lluvia, saborea la comida, percibe el timbre de una risa, concéntrate en sentir el sol en la piel. Deberíamos tatuarnos en la mente que una de las lecciones de la vida consiste en aprender a disfrutar del camino.

¿Sabes dónde se encuentra tu Venus natal?

Venus en Aries

Su palabra es «independencia». La buscan y la necesitan. Escapan corriendo de aquello que la ponga en peligro y se dirigen de frente hacia las aventuras, el desafío. Sentir que se han ganado aquello que tanto buscaban los despierta, les produce una satisfacción sublime. Cuando algo les atrae, invierten muchísima energía. **Su recorrido se encuentra en dejarse guiar por metas que los iluminen a largo plazo, en lugar de aquellas actividades que tan solo drenan su energía.**

Venus en Tauro

Para las personas con Venus en Tauro, en una situación ideal **el disfrute debe estar presente en cada momento.** Existe una gran conexión con los sentidos. Una sensación de calma los envuelve cuando están en sintonía con el deleite que les regala la vida. El contacto físico, la comida y los paisajes rodeados de belleza alimentan su dicha y les brindan paz.

Venus en Géminis

¿Qué captura su deseo y atención? Conversaciones increíbles. Charlas que les aviven los pensamientos. Debates en los que puedan presentar el mundo interminable de sus ideas. Los atrae la variedad intelectual, quieren rodearse de personas que tengan algo para enseñarles, algo que depositarles.

El humor también es una pieza fundamental para quienes tienen Venus en Géminis. Adoran y admiran ese ingenio que denota un buen sentido del humor.

Venus en Cáncer

Aquí el disfrute reside en cuidar del otro, en nutrir emocionalmente las necesidades afectivas y materiales de quienes los rodean.

Necesitan sentirse extremadamente cómodos para abrirse y mostrar cómo son y lo que tienen para dar, lo cual lleva tiempo. **Por eso es usual ver que se sienten atraídos por todo lo que les proporcione sensación de hogar:** lugares, personas y espacios que emiten algo que les resulta familiar.

Venus en Leo

Las personas con Venus en Leo celebran lo auténtico, aquello que es real y surge del corazón. Su deseo está en brillar y hacerte brillar. Si te cuesta ser consciente de tu luz, ellas se esforzarán para que logres verla.

Cuando te tienen cariño se muestran extremadamente generosas. Son leales y se sienten atraídas por quienes comparten sus valores. **Saben hacerte sentir especial y, aunque no lo digan, buscan que hagas exactamente lo mismo con ellas.**

Venus en Virgo

Hay un deseo muy profundo de ayudar, de ponerse al servicio del otro. Están pendientes de lo que necesitan sus seres queridos y muestran su devoción con pequeños detalles.

Adoran resolver problemas y poner su practicidad e ingenio a tu disposición. Sé que puede sonar extraño, pero las personas con Venus en Virgo desean sentirse útiles, organizadas y productivas. ¿Quieres hacerlos felices? **Presta atención a sus gestos y aprecia su apoyo, irradiarán una felicidad infinita.** Su forma de agasajarte es silenciosa, pero sincera.

Venus en Libra

¿Dónde reside su deseo? En conectar con otras personas, en pasar buenos momentos en compañía. **La dicha está en el mismo hecho de vincularse.** Libra es un signo de aire, muy conectado con el mundo de las ideas, así que para estas personas es habitual sentirse atraídas por caracteres carismáticos que les garanticen una fuente infinita de buenas conversaciones.

Si bien es posible que tengan una visión un poco idealizada de las relaciones interpersonales, puedes estar seguro de que ellos van a darlo todo de sí para que funcionen.

Venus en Escorpio

Nada de chispazos temporales, todo es profundo. Sus deseos se sienten intensamente y la devoción es total cuando algo les atrae o cuando se ponen una meta. Están dispuestos a comprometerse con cada centímetro de su ser.

La energía que sienten por sus deseos los moviliza y los transforma. A veces, es tan potente que temen enfrentarse a aquello que tanto anhelan. Sin embargo, acaban saliendo en su busca.

Venus en Sagitario

Los mueve una intensa sensación de curiosidad por el mundo. **Quieren conocer, explorar, aprender,** tanto en las relaciones como en la cotidianidad. Anhelan adentrarse en viajes y aventuras con sus seres queridos.

El **deseo de expansión** es innato para las personas con Venus en Sagitario, tanto que muchas veces lo perciben como una necesidad.

Venus en Capricornio

El deseo reside en **alcanzar las metas que se proponen, en lograr sus objetivos** y continuar avanzando en la vida. Para ello, se enfocan en materializar sus aspiraciones.

Sabes que puedes apoyarte en ellas y que no te dejarán caer. Así son quienes tienen Venus en Capricornio, sólidos, responsables y determinados con sus deseos. Cuidan mucho de los demás y disfrutan satisfaciéndolos. **Si confían en ti, poco a poco te mostrarán sus vulnerabilidades.**

Venus en Acuario

Los llama aquello que es distinto, que rompe con el molde establecido. Adoran los debates intelectuales profundos y sienten una fuerte inclinación por temas de índole social. Suelen estar con un pie en el presente y otro en el futuro.

Para disfrutar no les basta el goce personal. Necesitan colaborar con un grupo, sentir que de alguna forma todos los miembros de esa comunidad están bien. ¿Quieres sonsacarles una sonrisa? Nada más bello para Venus en Acuario que alguien que valore su enfoque único y sus ideas creativas.

Venus en Piscis

Poseen un mundo interior inmenso, como si una parte de ellos siempre soñara despierta. Disfrutan de aquello que sienten en lugar de verlo, en lugar de tocarlo. Si están conectados con su gran intuición, pueden notar si tu cariño es sincero, si tus intenciones son reales. **Su sensibilidad los guía.**

Se conectan con la música, las películas o el arte, que los ayudan a plasmar lo que sucede en su universo emocional. **La dicha se encuentra en mantenerse en sintonía con sus sueños.**

MARTE: DEL DESEO A LA ACCIÓN ♂

¿Alguna vez has oído hablar de este planeta? Estoy segura de que sí. Para los romanos, Marte era el Dios de la guerra, la pasión y la valentía. Para nosotros, desde la perspectiva de la astrología, es **el planeta de la acción.** Nos muestra cómo salimos en busca de aquello que queremos, es la fuerza con la que iniciamos el camino hacia el destino anhelado. También nos habla de nuestra fuerza de voluntad y de la manera en que canalizamos el enojo y los impulsos.

Marte marca nuestra potencia y voluntad, por lo que nos dice mucho sobre cómo actuamos al perseguir nuestras metas, pero no es la única información que nos ofrece. Como planeta de la acción, también nos habla de la energía sexual que tenemos y de su expresión.

QUÉDATE CON ESTO

¡Basta ya de boicotearte a ti mismo! Utiliza tu energía a tu favor. Conocer nuestro Marte natal nos ayuda a comprender cómo debemos manejar y enfocar nuestra energía para construir la realidad añorada.

¿Dónde se encuentra Marte en tu carta?

Tranquilo, ¡no te dejaré solo observando un planeta tan importante en tu carta! Como en Venus y Mercurio, te proporciono algunas palabras clave para que puedas guiarte al interpretar su posición. Acuérdate siempre de tomar en cuenta la casa en la cual está posicionado. Cuando veamos los aspectos en el próximo capítulo, aplícalos también a tu lectura astral, porque tiñen completamente la interpretación.

Marte en Aries

Persiguen directamente aquello que desean. Buscan desafíos casi de manera constante y se suelen sentir cómodos en situaciones que entrañen un poco de competencia. Tienen mucha energía. El deporte es su gran herramienta para canalizar los impulsos.

Marte en Tauro

Los mueve aquello que les brinda goce y estabilidad a largo plazo. **Verás que se toman su tiempo antes de dar un paso, ya que miden muy bien sus movimientos.** Nunca intentes darles prisa ni presionarlos; eso no los hace actuar con más rapidez, sino todo lo contrario.

Marte en Géminis

Suelen perder el interés con facilidad si algo no los incentiva a nivel intelectual. Tienden a ser espectaculares en el uso de las palabras, saben cómo dar la vuelta a cualquier discusión. Cuando se trata de tomar una decisión, deben intentar no perderse en la evaluación constante de las distintas posibilidades y enfocarse en actuar.

Marte en Cáncer

Los niveles de energía varían en función de su estado emocional. No los busques haciendo saltos al vacío; suelen moverse solo cuando están completamente seguros. Actúan en base a las emociones. Puede ser difícil que bajen las defensas, pero, cuando se sientan cómodos, te lo mostrarán cuidando de ti. **Pasar tiempo en su hogar es lo que realmente los recarga.**

Marte en Leo

Actuar desde el corazón y con el corazón debería ser el lema de esta posición. Puede que muchas veces sus formas resulten algo exageradas, pero con los años aprenden a regularse. **Los moviliza su generosidad y el poder ver felices a quienes aman.** Cuidado con tocar su orgullo. Se mueven guiados por las corazonadas.

Marte en Virgo

Muy críticos, especialmente con las obras propias o sus trabajos. Detallistas a la hora de hacer, moverse o iniciar; a veces incluso se pierden en los pormenores. Al pensar constantemente en lo que tienen que hacer, corren el riesgo de drenar su energía y que no les queden reservas para lo demás. **Tratarse con más cariño y enfocarse en dar un paso cada vez los ayuda a avanzar con mayor rapidez.**

Marte en Libra

Cooperar les resulta realmente fácil, como si pudieran ordenarse y enfocarse mejor cuando trabajan con alguien. **Son socios por excelencia.** La indecisión suele estar al orden del día. Incluso cuando ya están bien avanzados en un camino, tienden a preguntarse qué habría sucedido si hubieran tomado otro rumbo.

Marte en Escorpio

Por allí donde anden, sus pasos se hacen notar. Cuando algo les apasiona, los verás dándolo todo de sí. Sacan fuerzas de donde sea. Les gusta ponerse objetivos casi inalcanzables. **¿Cómo logran convertir en realidad aquello que parecía imposible?** Enfocan toda la atención en un solo centro.

Marte en Sagitario

Funcionan en todo su esplendor cuando sienten que poseen mucha libertad y varias opciones para actuar. Las actividades que los mantengan mental y físicamente entretenidos les resultarán increíbles, ya que poseen un gran impulso, tanto para aprender como para hacer. Suelen ser bastante directos.

Marte en Capricornio

Una incuestionable determinación e imponente fuerza de voluntad los definen. Les gusta tener el control sobre el entorno y, por lo general, saben con precisión adónde apuntan, por eso miden muy bien las consecuencias y los efectos de sus actos. **Son excelentes a la hora de planear y trabajar duro por sus objetivos.**

Marte en Acuario

Tienen su propia manera de hacer las cosas. Tal vez resulte algo inusual o poco práctico al ojo ajeno, pero para ellos siempre es completamente funcional. **Son originales y se mueven por la vida de esa manera.** Puedes estar seguro de que te van a sorprender.

Marte en Piscis

Cuando comprenden cómo dar espacio a sus emociones, perciben que la intuición va guiando cada uno de sus movimientos. Es como si tuvieran una brújula interna que los orienta en el camino. Sin embargo, muchas veces se pierden haciendo cosas por los demás y se olvidan de lo que realmente valen su tiempo y energía.

Práctica astral

¿DE QUÉ PLANETA VIENES TÚ?

Ha llegado el momento de ubicar Mercurio, Venus y Marte en tu carta. Recuerda que, si necesitas consultarlo, tienes el símbolo que los representa al inicio de cada apartado. Cuando los hayas encontrado, apúntalos aquí debajo.

Mercurio en ——————————— en la Casa ———————————

Venus en ——————————— en la Casa ———————————

Marte en ——————————— en la Casa ———————————

Por ejemplo, digamos que tienes Venus en Libra y en la Casa III, en conjunción (muy cerquita) con Mercurio. En el próximo capítulo hablaremos de la relación entre aquellos planetas que se encuentran cerca —lo que llamamos «aspectos»—, pero por ahora puedes empezar con lo que has aprendido en las últimas páginas.

Primero, busca en este capítulo el apartado «Venus: allí donde se encuentra tu deseo», para comprender qué representa en general este planeta y entender su conexión con el deseo. Luego, ve a la sección «¿Sabes dónde se encuentra tu Venus natal?» y lee la síntesis de las manifestaciones que trae cuando se encuentra en Libra. Para continuar, consulta el capítulo 6, en el cual hablamos de las áreas de nuestra existencia que componen cada una de las casas astrológicas. Lee la Casa III.

¿Notas cómo se va iluminando el complejo entramado de tu interior? Guiado por los planetas y todo lo que has aprendido en otros capítulos, tu mundo interior se muestra ante ti. Aprovecha esta oportunidad para mirarte con una luz nueva, amable y comprensiva.

HABITAR MÁS DE UN PLANETA

¿CUÁL ES TU BRÚJULA?

¿Recuerdas que cada signo tiene un planeta regente? ¿Ya has encontrado qué planeta te rige?

A medida que pase el tiempo, estudies distintas cartas astrales y la información que hemos deshilado empiece a formar parte de tu día a día, **lograrás capturar con más facilidad la energía que emana cada persona.** Podrás distinguir a distancia a una persona venusina, completamente conectada con la belleza de la vida y el disfrute que le brinda la existencia, o a alguien en quien Urano esté bien latente, concentrado en colaborar en causas sociales y con un estilo de vida que suena excéntrico al oído ajeno.

171

	Signo		Planeta regente
♈	Aries	♂	Marte
♉	Tauro	♀	Venus
♊	Géminis	☿	Mercurio
♋	Cáncer	☽	Luna
♌	Leo	☉	Sol
♍	Virgo	☿	Mercurio
♎	Libra	♀	Venus
♏	Escorpio	♇	Plutón
♐	Sagitario	♃	Júpiter
♑	Capricornio	♄	Saturno
♒	Acuario	♅	Urano
♓	Piscis	♆	Neptuno

La astrología formará parte de tu perspectiva. Su simbología será un fragmento más de tu viaje por este mundo.

En el capítulo anterior nos hemos dedicado a explorar los planetas que orbitan más cerca del Sol, los planetas interiores. Ahora nos adentraremos en aquellos que se encuentran un poco más lejanos de nuestra estrella primordial.

¿Cuáles son estos planetas? **Júpiter, Saturno, Urano y Neptuno.** Si nos tomamos el tiempo para contemplar por unos segundos una foto del sistema solar, los distinguiremos rápidamente debido a su gran tamaño. También se distinguen de los interiores porque se mueven a menor velocidad que Mercurio, Venus, la Tierra y Marte. Antes, **Plutón** se consideraba el planeta con el ciclo más largo, pero desde que no se lo considera un planeta, es Neptuno el que tiene un ciclo más duradero.

Aunque ahora se considere Plutón como un planeta enano, en este capítulo también nos dedicaremos a explorarlo, ya que juega un papel relevante a nivel astrológico, especialmente cuando se encuentra cerca de algún planeta personal.

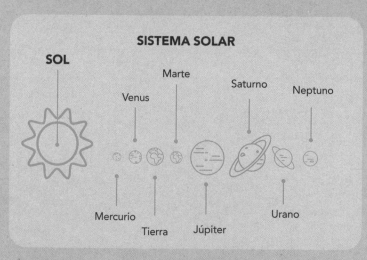

Adentrémonos en lo que nos muestra y enseña cada uno de estos planetas.

JÚPITER

Es el planeta más grande del sistema solar. ¿Puedes adivinar qué representa? **Sus palabras son: «expansión», «crecimiento» y, por supuesto, «abundancia».** También se lo asocia con la prosperidad, la buena fortuna y la apertura de posibilidades.

QUÉDATE  CON ESTO

Me parece fundamental recordarte que no basta con que se nos presenten las oportunidades o se abran las puertas. ¡Hay que saber aprovecharlas! Disponte a abrirte y a poner ganas en lo que haces, y los tránsitos de Júpiter siempre te traerán sus regalos.

¿Dónde se encuentra Júpiter en tu carta?

Signo:

Casa:

La casa en la que se encuentra Júpiter muestra un área de nuestra vida en la que seguramente se nos presenten escenarios que nos impulsen hacia delante, que aceleren nuestro crecimiento personal. **¿Buscas situaciones que abran tu mente a nuevos horizontes?, ¿que** te ofrezcan la oportunidad de ser mucho más consciente? Aquí lo tienes. Pero recuerda que nunca sabrás qué hay al otro lado si no te animas a llamar a la puerta. Sentarnos a esperar hasta que las cosas caigan en nuestras manos no nos servirá de nada. Avanzar requiere que pongamos nuestra voluntad.

Cuando conectamos con la energía de nuestro Júpiter natal, solemos notarnos más alineados con aquello que nos hace sentir bien. Júpiter es generosidad, igual que nosotros somos dadivosos cuando nos sentimos plenos. Estudia el signo y la casa donde cae este planeta en tu carta para entender esa energía que has venido a aprender y experimentar. A lo largo de la vida, seguramente te vuelvas tu propio maestro y tal vez acabes enseñando a alguien más.

QUÉDATE CON ESTO

Allí donde se encuentra Júpiter hay muchas puertas
listas para abrirse. Las bendiciones llegan
cuando estamos dispuestos a recibirlas
y a asumir los compromisos necesarios
para mantener su suerte.

SATURNO

Saturno representa el compromiso, la responsabilidad y la estructura. Al leerlo, tal vez no suene de lo más amigable, pero gracias a sus características logramos materializar nuestros deseos y anhelos en el mundo físico.

¿Sabías que...?

¿Sabrías dibujar Saturno? Intenta hacer un boceto rápido. ¿Ya lo tienes? Seguro que le has puesto unos anillos alrededor, ¿verdad? Aunque Saturno sea conocido por sus anillos —que fueron los primeros que se descubrieron—, no es el único planeta que los tiene. Júpiter, Urano y Neptuno también tienen unas estructuras anilladas a su alrededor.

Este planeta no tiene muy buena fama en la astrología moderna, porque se lo relaciona con el sacrificio y las limitaciones; sin embargo, estas existen para que podamos hacer funcionar lo que anhelamos a largo plazo. El límite también es protección, también es cuidado. Dejar la gratificación instantánea a un lado y velar por nuestro bienestar general es un aprendizaje que nos puede traer una infinidad de cosas buenas.

Saturno es la base de todo lo que observamos en el mundo tangible. Sin su energía, las cosas se quedan en el mundo de las ideas y de la fantasía. **Por tanto, no hay que temerle; hay que festejarlo.** Saturno es una maravilla.

¿Dónde se encuentra Saturno en tu carta?

Signo:

Casa:

La casa donde se encuentra Saturno nos puede mostrar un área de nuestra vida en la que sentimos restricciones. A veces se deben a situaciones externas; otras son limitaciones que nos pusimos internamente y de las que no logramos desprendernos porque ya están muy instaladas en nuestra narrativa personal. ¿Cuántas veces has dejado de intentar algo porque tú mismo te has dicho que no lograrías hacerlo? Saturno nos habla de esos aspectos de nuestra vida en los que, por alguna razón, acumulamos miedos, nos boicoteamos o tenemos un gran temor a comprometernos.

Al trabajar con nuestro Saturno, por casa, por signo y —dentro de lo posible— con sus alineaciones, de alguna manera retomamos las riendas. Nos hacemos cargo de lo que sucede. Dejamos las excusas a un lado y hacemos cuanto podemos con lo que tenemos entre manos. Los resultados no siempre son inmediatos, pero poco a poco veremos una mejoría. Con el paso del tiempo, se evidenciarán los frutos de nuestra dedicación y constancia.

176

QUÉDATE CON ESTO

Hagamos un ejercicio para desmontar la mala fama
de este planeta, que se suele asociar al esfuerzo exhaustivo
y a los sacrificios desproporcionados. Visualiza todo aquello
que aprecias en el momento vital en que te encuentras.
Ahora piensa fríamente en cuánto de eso estarías
disfrutando si no fuera por el empeño que le has dedicado.
Desde las relaciones hasta el trabajo, todo aquello
que valoramos enormemente implica compromisos,
obligaciones mutuas y acuerdos. Puede que, en el
momento, no suene apetecible, pero tu constancia
y entrega siempre tendrán su premio.

URANO

Es el planeta que rompe con lo conocido, que quiebra el molde y las barreras. Nos abre los ojos para que seamos capaces de ver todo lo que existe más allá de nuestros terrenos conocidos. También se lo asocia a esos cambios inesperados que ponen nuestra vida del revés y lo que creíamos seguro, patas arriba.

Incluso aunque comprendamos que esa disrupción —sea en el campo que sea— nos brindará más tarde apertura y libertad, no siempre resulta fácil transitarla. Lo que es diferente asusta, pero solo porque nos es desconocido.

¿No crees que hay algo mágico en aquello que todavía no has vivido, en los lugares donde no has estado, en las experiencias que aún no has transitado?

177

QUÉDATE CON ESTO

Urano rige aquello que es diferente, esas ideas y personas innovadoras que nos hacen avanzar como sociedad gracias a su genialidad. Por esta razón, también se lo asocia con la tecnología.

¿Dónde se encuentra Urano en tu carta?

Signo:

Casa:

En relación con este planeta, el signo en el que se encuentra es re-levante, pero lo que de verdad tienes que buscar es en qué casa está situado y si tiene o no aspectos en tus planetas personales. ¿Por qué es esto importante? Urano es un planeta generacional, es decir, se mueve muy lentamente, por lo que se queda unos siete años en cada signo. Por eso, todas las personas que hayan nacido en ese periodo tendrán Urano en el mismo signo y sentirán sus caracterís-ticas y manifestaciones a nivel generacional, en lugar de que las influya a nivel personal.

QUÉDATE CON ESTO

Conectar con la energía de Urano natal es dejar de restringir nuestra vida, aceptarnos con todos nuestros colores y en cada una de nuestras formas. Se trata de aceptar nuestra excentricidad y olvidarnos para siempre del qué dirán. Conectar con Urano implica respirar profundo, abrazar nuestra excentricidad, festejar la existencia y saber que, sobre todo, la vida hay que vivirla.

NEPTUNO

En astrología, Neptuno se vincula con aquello que se encuentra más allá del plano físico y de los límites de nuestros sentidos. Representa la fe, la magia, la espiritualidad, así como esa imaginación infinita y poderosa que habita en nuestro interior. **También se lo asocia a los sueños, los viajes astrales, la empatía y la inspiración.**

Cuando su energía está en caída, también se lo relaciona con aquello que nos desconecta de la realidad: las adicciones, la confusión y todas aquellas substancias que nos alteran el nivel de consciencia.

¿Sabías que...?

Neptuno pasa aproximadamente catorce años en cada signo. Su permanencia en un signo influye más a nivel generacional que personal. Por tanto, tal como sucede con Urano, para observar sus manifestaciones con más precisión hay que observar la casa en la que se encuentra. Así como también registrar si forma algún aspecto importante a nuestro ascendente o a alguno de nuestros planetas personales.

¿Dónde se encuentra Neptuno en tu carta?

Signo:

Casa:

Las personas que tienen Neptuno muy presente en su carta astral suelen poseer una **intuición muy afinada** que les permite leer la energía de lo que sucede alrededor. Deben aprender a abrazar y canalizar correctamente su extrema sensibilidad para, así, convertirla en oro. Por el contrario, si no se apoderan de las herramientas correctas, pueden pasarse la vida buscando maneras nocivas de apagar su sentir y distrayéndose de su inmensa percepción.

El área de nuestra vida en la que se sitúe Neptuno será aquella en la que, posiblemente, nuestras experiencias bajen el volumen a nuestro ego y logren elevarnos espiritualmente. También nos puede indicar en qué temas nos sentimos inspirados y dispuestos a soñar. Lo único que hay que tener presente son los límites, ya que cuando Neptuno está presente se nos tienden a pasar por alto.

Con el paso de los años, he notado que la mejor forma de avivar los regalos de nuestro Neptuno natal es dejar de apoyarnos en soluciones efímeras que pretendan tapar nuestros dolores profundos. Es necesario comprender que de nada nos sirve distraernos constantemente de nuestros problemas y heridas. Hay que aprender a sanar las cosas de raíz, y para eso se requiere que estemos abiertos y conectados.

QUÉDATE CON ESTO

¿Alguna vez has querido tapar una herida profunda con un entretenimiento temporal? Seguramente hayas observado que el dolor no solamente persiste, sino que se agudiza. A la breve satisfacción inicial le sigue una resaca emocional intensa que puede hacer mucho daño. La mejor manera de sentirse en paz es dedicarnos a sanar desde el centro. No te dejes deslumbrar por soluciones rápidas que te alejarán de lo importante, enfócate en entender y sanar la raíz. Allí encontrarás la paz, pero recuerda que, para conectar con toda la belleza que puede ofrecerte Neptuno, se necesita una mente atenta y un corazón dispuesto a escuchar desde la calma.

PLUTÓN

Quizá lo hayas estudiado como uno de los planetas del sistema solar, pero hace unos años que Plutón pasó a considerarse un planeta enano. Su rol en nuestra carta astral, sin embargo, sigue siendo igual de poderoso. **Plutón representa la transformación, la pasión, el poder y la resiliencia.** También los misterios, los secretos, las obsesiones y todo aquello que se encuentra oculto, enterrado o que, de alguna manera, existe bajo la superficie.

Plutón se asocia a procesos personales profundos, de los que uno sale siendo una persona completamente diferente de la que era anteriormente. Su energía es magnética y sus tránsitos son inolvidables, nos cambian por completo.

Recuerda que los finales
siempre traen un inicio.

Si nos alejamos un poco de sus representaciones internas y volvemos al plano material, seguramente lo encontremos asociado a la generación de recursos y al dinero. Las personas con Plutón muy presente en su carta suelen tener una enorme capacidad de generar un inmenso caudal económico, siempre y cuando aprendan a invertir correctamente, tanto a nivel energético como a nivel material.

Si **Plutón** forma algún aspecto importante a algún planeta personal o está muy presente en nuestra carta, representa un desafío, que a su vez va de la mano de una gran bendición. **Sus manifestaciones son poderosas,** pero aprender a dirigir tanta energía correctamente implica un auténtico reto.

¿Dónde se encuentra Plutón en tu carta?

Signo:

Casa:

¿En qué casa se encuentra Plutón en tu mapa astrológico? Como Urano y Neptuno, Plutón se mueve despacio, por lo que su posición es generacional y su signo nos habla de manifestaciones en el plano más global. Por eso, si queremos saber más detalles, hay que observar en qué casa se encuentra y si se sitúa cerca de algún planeta relevante.

¿Sabías que...?

Las experiencias plutonianas en la vida no son constantes ni se dan de forma habitual. Este tránsito astrológico no es tan usual como otros —como Júpiter, que pasa por nuestro ascendente—, y no todas las personas lo viven.

Donde está Plutón, hay mucho que trabajar, especialmente a nivel inconsciente. Es posible que la vida nos ponga frente a experiencias transformadoras en el área donde se encuentre Plutón, y la forma de adquirir aprendizajes clave será atravesándolas. Este planeta también nos mostrará cómo y dónde se encuentra nuestro poder personal, aquel que yace en nuestro interior aun cuando no lo podemos percibir. **Plutón transforma, ilumina y empodera.**

EL DETALLE DE LOS ASPECTOS

¿Qué son los aspectos? A lo largo del libro hemos ido utilizando esta palabra; ya hemos mencionado que se refiere a las interacciones existentes entre los planetas en una carta astral. Digamos que son las conexiones que tienen los planetas entre sí. En función de los grados de distancia que separen a dos o más cuerpos celestes, hablamos de unas u otras conexiones; sin embargo, aquí nos centraremos en los aspectos más generales o que se utilizan con más frecuencia.

Conjunción

Dos planetas están en conjunción cuando se encuentran a una distancia de entre **0 y 5 grados**; sin embargo, algunos astrólogos tienen una perspectiva distinta y consideran que la conjunción comprende entre **0 y 10 grados**. Por lo general, cuando la distancia es de más de cinco grados se la considera una «conjunción amplia», ya que pierde un poco de intensidad.

Cuando dos planetas se encuentran muy cerca, es como si su energía se unificara, como si sus características, de alguna forma, se fusionaran.

Sextil

Es lo que se llama un «aspecto armónico», en el que los planetas están separados por una distancia de **60 grados**. La comunicación entre ambos fluye de forma natural y equilibrada.

Trino o Trígono

Igual que el sextil, se considera que el trino es un aspecto de armonía. Dos planetas se encuentran en trino cuando los separa una distancia de **120 grados**.

Cuadratura

Consideramos que hay cuadratura cuando dos planetas se encuentran separados por un ángulo de **90 grados**. Las cuadraturas son aspectos en los que generalmente hay cierta tensión entre las manifestaciones o fuerzas de ambos puntos, lo que nos lleva a trabajar profundamente para lograr pulir esa interacción.

Oposición

Dos planetas se encuentran en oposición cuando están enfrentados, es decir, a **180 grados** de distancia. Aquí también podemos notar cierto conflicto entre ambas fuerzas, como si nos llevaran hacia lados completamente opuestos y contradictorios. **La vida nos traerá situaciones en las que otra persona haga de espejo y nos marque esa lucha de fuerzas internas.**

¿Has logrado distinguir aspectos importantes en tu carta?

Aspecto astrológico	Símbolo	Distancia
Conjunción	☌	0°
Sextil	✶	60°
Cuadratura	□	90°
Trígono	△	120°
Oposición	☍	180°

Utiliza este recuadro para distinguirlos con mayor facilidad cuando estés estudiando tu mapa astrológico.

Sé que este tema puede sonar un poco confuso, pero, a medida que cojas práctica, lo entenderás sin ningún problema. Pongamos un ejemplo: digamos que tienes Mercurio en Leo y el Sol en Acuario. Estos dos planetas están exactamente a 180 grados de distancia, es decir, se encuentran en perfecta oposición. Ahora, digamos que también tienes la Luna en Escorpio y Venus en Acuario: se encuentran a 90 grados de distancia, por tanto están en cuadratura. Paso a paso irás descubriendo todos los detalles que se esconden en la posición de los planetas y accederás a su sabiduría.

¿DE QUÉ PLANETA VIENES TÚ? (PARTE II)

¿Recuerdas el ejercicio anterior, en el que buscaste la posición de Mercurio, Venus y Marte en tu carta? En este último apartado, para poner en práctica lo aprendido, añadiremos el papel de los aspectos. Busca en tu carta el resto de planetas sobre los que has leído en este capítulo y apunta aquí también su posición.

Júpiter en ——————— en la Casa ———————

Saturno en ——————— en la Casa ———————

Urano en ——————— en la Casa ———————

Neptuno en ——————— en la Casa ———————

Plutón en ——————— en la Casa ———————

186

Una vez que tengas esta información, intenta detectar si se encuentran cerca entre ellos o si tienen algún aspecto importante a otro planeta, por ejemplo, una oposición.

Como en el ejemplo anterior, digamos que tienes Venus en Libra en la Casa III, en conjunción con Mercurio. Ahora que ya has averiguado qué trae Venus en Libra y los temas que rodean la Casa III, sabrás en qué áreas de tu vida se siente su energía con